绿色铝产业
发展及环境保护

王仁敏　钱文敏　梅向阳　著

北　京

冶金工业出版社

2023

内 容 提 要

本书共分 9 章，在简要介绍电解铝应用和需求的基础上，系统介绍了铝电解工艺技术原理、主体设备及主要原辅料，铝电解过程中主要污染物产排及防治措施，铝电解碳排放及清洁生产要求，并根据全国电解铝产业现状及相关政策要求和云南省绿色铝产业发展历程、产业现状、发展规划、生态环境保护现状，对云南省绿色铝产业发展及环境保护提出建议。

本书可供从事或关注电解铝生产、设计、生态环境保护等工作的相关人员阅读参考。

图书在版编目 (CIP) 数据

绿色铝产业发展及环境保护／王仁敏，钱文敏，梅向阳著 . —北京：冶金工业出版社，2023.7

ISBN 978-7-5024-9552-7

Ⅰ. ①绿…　Ⅱ. ①王…　②钱…　③梅…　Ⅲ. ①铝工业—无污染技术—产业发展—研究—中国　Ⅳ. ①F426.32

中国国家版本馆 CIP 数据核字（2023）第 118543 号

绿色铝产业发展及环境保护

出版发行	冶金工业出版社	**电　话**	(010)64027926
地　址	北京市东城区嵩祝院北巷 39 号	**邮　编**	100009
网　址	www.mip1953.com	**电子信箱**	service@ mip1953.com

责任编辑　张熙莹　王悦青　美术编辑　燕展疆　版式设计　郑小利
责任校对　梅雨晴　责任印制　窦　唯
北京建宏印刷有限公司印刷
2023 年 7 月第 1 版，2023 年 7 月第 1 次印刷
710mm×1000mm　1/16；9.5 印张；184 千字；141 页

定价 66.00 元

投稿电话　(010)64027932　投稿信箱　tougao@cnmip.com.cn
营销中心电话　(010)64044283
冶金工业出版社天猫旗舰店　yjgycbs.tmall.com
（本书如有印装质量问题，本社营销中心负责退换）

前　言

　　铝因其密度小、导电性及导热性好等优点，被广泛应用于国民经济各个部门，是世界上除钢铁外产量最高的金属。2021 年，全球原铝产量为 6778 万吨。中国铝工业发展至今，已成为世界上最大的铝产品生产国与消费国，原铝产量连续多年保持世界第一。2021 年中国原铝产量为 3850.3 万吨，占全球产量的 56.81%；中国铝消费量约为 4055 万吨，约占全球消费量的 58.64%，根据百川盈孚统计资料，截至 2022 年 10 月，中国有电解铝企业 91 家，有效产能为 4724.7 万吨。

　　云南省能源资源得天独厚，既是能源生产大省，也是绿色能源大省。但长期以来，云南省"重工靠资源、轻工靠烟草"，产业发展短板突出，能源产业和铝工业各自独立发展，导致水电等清洁能源优势未能有效转化为经济优势。为改变清洁能源资源丰富、载能产业弱小的局面，加快能源优势向产业优势转化，自 2016 年以来，云南省高标准、严要求地引入了一批水电铝项目，电解铝产能已跃居全国前列。目前，绿色能源成为云南省第一大支柱产业，云南省绿色能源装机、绿色能源发电量、清洁能源交易量、非化石能源的一次能源消费占比均居全国前列，绿色能源与绿色制造融合发展，全国绿色铝重要产业基地已初具雏形。

　　从原料铝土矿到原铝生产，包含 2 个相互独立的生产步骤，即氧化铝生产及原铝生产。目前，从铝土矿中提取氧化铝的方法有拜耳法、碱石灰烧结法、拜耳—烧结联合法等，但霍尔-埃鲁电解法（冰晶石-氧化铝熔盐电解法）为当前及今后一段时间内工业铝生产的唯一方法。作者长期从事建设项目环境影响技术评估工作及相关的科研工作，经历了云南省大部分电解铝项目的环保手续办理过程，也承担了云南省生态环境厅委托的"云南省电解铝行业大气环境影响跟踪及环境防护距离研究""云南省重点行业环境影响分析评价项目""山区综合开发生态环境管理技术服务项目"等相关研究课题。结合日常工作中积累的经验和素材，系统梳理了霍尔-埃鲁电解法生产电解铝的产业政策、主要原辅料及能源消耗、生态环境保护、发展规划等方面的要求，整理了云南省绿色铝产业发展历程，依据相关课题研究成果，提出现阶段发展中应关注的问题及相关建议，以点带面，供电解铝生产、设计，生态环境保护等相关人员参考。

本书的出版和有关调查研究工作得到了云南省生态环境厅、云南省生态环境工程评估中心、云南铝业股份有限公司、云南神火铝业有限公司、云南其亚金属有限公司、云南宏泰新型材料有限公司等单位领导和同事的帮助和支持，在此表示感谢。

因作者水平所限，书中若存在不足之处，欢迎读者不吝指正。

作　者
2022 年 8 月

目　　录

1 电解铝的应用和需求

1.1 铝 的 性 质

铝（aluminum），化学符号为 Al，为化学周期表ⅢA 族（硼族）元素，原子序数为 13，相对原子质量为 26.981538，有延展性，密度为 2.702g/cm³，熔点为 660.37℃，沸点为 2494℃。铝在自然界分布极广，地壳中铝含量仅次于氧和硅，含量约为 7.73%。铝矿物多以氧化物、氢氧化物和含氧的铝硅酸盐形式存在，极少发现铝的自然金属[1-3]。

1.1.1 铝的物理性质

铝为轻金属，外观呈白色金属光泽，具有密度小、电阻率低、熔点低、沸点高、导热性好、反光能力强、无磁性、伸长率好、无毒、可同多种金属构成合金的良好特性。

铝及铝合金的密度与其中所含的杂质或合金元素的种类和数量有关，工业纯铝的密度主要取决于其中 Fe 和 Si 的质量分数，一般工业纯铝的密度为 2.70~2.71g/cm³，950℃时铝液密度为 2.303g/cm³。

铝的电阻率低。纯度为 99.995% 的铝电阻率在 293K 时为 (2.62~2.65)×$10^{-8}\Omega \cdot m$，相当于铜的标准电阻率的 1.52~1.56 倍。铝具有良好的导热性，在 25℃时，热导率为 2.35W/(cm·℃)，仅次于银。由于导电性和导热性都很好，可用作超高电压的电缆。

铝具有良好的反射光线的能力，特别是对于波长为 0.2~12μm 的光线，其热反射率为 85%~95%。

铝没有磁性，不产生附加的磁场，在精密仪器中不会起干扰作用。

铝可以和多种金属构成合金，如 Al-Ti、Al-Mg、Al-Zn、Al-Li、Al-Fe、Al-Mn 合金，某些合金的力学强度甚至超过钢结构。铝合金质轻而坚韧，可作飞机、汽车、火箭的材料。

1.1.2 铝的化学性质

铝的化学性质很活泼，容易与氧气反应，铝在空气中表面形成氧化物薄膜，起保护作用，使铝在空气中没有锈蚀效应。铝与氧气反生成 Al_2O_3，生成热很大，相当于每克铝为-31kJ。铝粉容易着火燃烧，可用作生产焰火的原料。

常温下浓硫酸和浓硝酸可使铝钝化，铝可与盐酸和稀硫酸发生置换反应，生成盐并放出氢气。铝易被苛性碱溶液侵蚀，生成氢气和可溶性铝酸盐。碱和盐会破坏铝表面的氧化膜，降低铝的抗腐蚀性。但是高纯度铝能够抵御某些酸的腐蚀作用，可用来贮存硝酸、浓硫酸、有机酸和其他化学试剂。铝不与碳氢化合物起反应，也不与酒精、酚、醛、铜、醌发生反应，在硝酸工业、石油工业、油脂工业、炸药工业和赛璐珞工业、制药工业、制酒工业尤其是啤酒工业和冷藏业等，用作耐腐蚀材料。

铝在高温时还原性极强，可用于冶炼高熔点金属，例如 Mg、Li、Mn 等。

铝在 2000℃ 下易与碳反应生成碳化铝 Al_4C_3，在催化剂冰晶石存在时，Al_4C_3 的生成温度可降低至 900℃ 左右。铝在 1100℃ 以上温度时与氮发生反应生成氮化铝（AlN）。

铝在 800℃ 以下温度会与三价卤化物发生反应，生产一价铝的卤化物。在冷却时，一价铝的卤化物可分解出三价的卤化物和铝，利用该种歧化反应，可从铝合金中提取纯铝。

1.2 铝产品分类

1.2.1 工业纯铝分类

纯铝抗拉强度不高，但塑性好，若所含的 Fe、Si 等杂质增加，塑性及耐腐蚀性会降低，对纯铝的电阻率、电导率和热导率的影响较大，根据杂质的不同，纯铝可分为：普通铝（Al 99.0%～99.9%）、精铝（Al 99.95%～99.999%）、高纯铝（Al>99.999%）。

1.2.2 铝合金的种类

根据制造工艺及化学成分，用于最终产品的铝合金有铸造铝合金、变形铝合金两大类，以及用于配制合金的中间铝合金[3]。

1.2.2.1 铸造铝合金

铸造铝合金主要包括 Al-Si 合金、Al-Cu 合金、Al-Mg 合金、Al-Zn 合金等，执行《铸造铝合金》（GB/T 1173—2013）。为了获得各种形状与规格的精密铸件，用于铸造的铝合金具备以下特性：有填充狭窄槽缝的良好流动性；有适应其他金属所要求的低熔点；导热性好，熔融铝的热能量快速向铸模传递，铸造周期短；熔体中氢气和其他有害气体可通过处理得到有效控制；化学稳定性好，有较好的抗腐蚀性；铝合金铸造时，不会产生热脆开裂和撕裂的情况；不易产生表面缺陷，易于进行表面处理，铸件表面有良好的光泽和较低的表面粗糙度；铸造适应性好，可用压模、硬模、熔模、石膏型铸模等进行铸造生产，也可用低压、高压、真空、挤压、离心等方法成型，生产不同规格、不同用途、不同性能的铸件。

1.2.2.2 变形铝合金

纯铝的使用有局限性，为此人们在纯铝中加入各种合金元素，制成各种可进行压力加工的变形铝合金。变形铝合金通过轧制、挤压、拉伸、锻压等加工方式，生产出板材、带材、筒材、管材、棒材、型材、锻件等半成品，在此过程中，通过机械处理、热处理及机械和热处理联合的处理方式，赋予这些半成品多种状态，从而适合用于各种不同的应用领域。

变形铝合金的分类方法很多。按所含主要合金元素的种类，分为以下八大系列：

（1）1×××系铝，属于工业纯铝，Fe 和 Si 是主要杂质元素。该系合金为非热处理强化型，只能通过冷作硬化来提高强度，强度较低。常用牌号有 1050、1060、1100、1145 和 1350。

（2）2×××系铝合金，是以 Cu 为主要合金元素的铝合金。该系合金包括了 Al-Cu-Mg 合金、Al-Cu-Mg-Fe-Ni 合金及 Al-Cu-Mn 合金等，均为可热处理强化铝合金，其特点是强度高，通常称为硬铝合金或硬铝，其耐热性能和加工性能良好，但耐蚀性能不如其他大多数铝合金好，在一定条件下会产生晶间腐蚀。因此，2×××系铝合金板材往往需要包覆一层纯铝或 6×××系铝合金以提高其耐蚀性能。该系合金广泛应用于航空和航天及国防军工等领域。常用牌号有 2011、2014、2017、2024、2219 和 2618。

（3）3×××系铝合金是以 Mn 为主要合金元素的铝合金，属非热处理强化铝合金。该类合金的塑性高、焊接性能好。强度比 1×××系铝合金高，耐蚀性能与 1×××系铝相近，是一种耐腐蚀性能良好的中等强度铝合金。常用牌号有 3003、3004 和 3105。

（4）4×××系铝合金，是以 Si 为主要合金元素的铝合金，该系合金熔点低，熔体的流动性好，不会使最终产品产生脆性，主要用于制造铝合金焊接的添加材料，如钎焊板、焊条和焊丝等。此外，由于该系部分合金的耐磨性能和高温性能好，也被用来制造活塞和耐热零件等。常用牌号有 4032、4043 和 4004。

（5）5×××系铝合金，以 Mg 为主要合金元素，属热处理不可强化铝合金。该系合金密度小，强度比 1×××系和 3×××系铝合金高，属于中高强度铝合金。该系合金的疲劳性能和焊接性能良好，耐海洋大气腐蚀性好，主要用于制作焊结构件和船舶制造领域。常用牌号有 5005、5052、5083、5086、5182 和 5456。

（6）6×××系铝合金是以 Mg 和 Si 为主要合金元素的、可热处理强化铝合金。

该系合金具有中等强度、耐蚀性高、无应力腐蚀断裂倾向，焊接性能良好，成型性能及工艺性能优良。该系合金广泛应用于建筑和交通运输等领域。常用牌号有6005、6009、6010、6061、6063、6066 和 6101。

（7）7×××系铝合金是以 Zn 为主要合金元素的铝合金，属于可热处理强化合金。合金中加 Mg 形成 Al-Zn-Mg 合金，具有良好的热变形性能，淬火范围很宽，在适当的热处理条件下能够达到较高的强度，焊接性能良好。Al-Zn-Mg-Cu 合金是在 Al-Zn-Mg 合金的基础上发展起来的，其强度高于 2×××系铝合金，一般称为超高强铝合金或超硬铝，合金的屈服强度接近于抗拉强度，屈强比高，比强度也很高，但塑性及高温强度较低。这类合金有一定的应力腐蚀倾向。该系合金广泛应用于航空和航天及国防军工等领域，为上述领域最重要的结构材料之一。常用牌号有 7005、7050、7055、7075、7150 和 7475。

（8）8×××系铝合金，目前主要是含 Li、Zr、B 的铝合金及 Fe、Si 为主要合金元素的合金。其中，Al-Li 合金以 Li 作为主要合金元素，优点是密度小，弹性模量高，具有高的屈服强度和良好的高温和低温性能，其室温力学性能与一般高强度铝合金相当，而高温和低温性能优于一般高强度铝合金。铝锂合金的常用牌号有 2090、2091 和 8090，可应用于大型客机。

1.2.3 铝锭的分类

1.2.3.1 按成分分类
铝锭可按成分不同分为重熔用铝锭和铝合金锭。

1.2.3.2 按产品形状和尺寸分类
铝锭可按产品形状和尺寸分类如下：
（1）15kg、20kg、22kg 的重熔用铝锭。
（2）2500kg、650kg、1000kg 的 T 形铝锭。
（3）铝合金锭。
（4）板锭。
（5）圆锭。

1.3 铝产品的应用

铝及铝合金广泛应用在建筑、包装、交通、电力、机械电子、航天航空等国民经济的各个领域，据百川盈孚统计资料，电解铝产品 2021 年度消费结构见表1-1。除此之外，铝可制成铝粉，用于焰火等；利用铝的强氧化性，原铝还可在钢铁工业中用作脱氧剂[3]。

表 1-1　电解铝产品 2021 年度消费结构

序　号	领　域	消费量/万吨	消费比例/%
1	建筑地产	1077.05	27
2	交通运输	957.37	24
3	电力	478.69	12
4	消费品	478.69	12
5	机械	478.69	12
6	其他	518.58	13

1.3.1　建筑工业

在建筑工业中，铝合金主要应用于门、窗、幕墙及建筑物构架、屋面和墙面的维护结构、道路桥梁的跨式结构、存储仓库等。根据百川盈孚统计资料，建筑行业 2021 年消费占比约 27%，为消费量最大的行业。

1.3.2　交通运输

在交通运输领域内，铝及铝合金的应用十分广泛，在汽车、大型客车、高速列车、地铁和船舶上都有越来越多的应用，仅次于建筑工业。为减轻自重、增加运量，铝合金也用于运煤货车和集装箱等。根据百川盈孚统计资料，交通运输行业 2021 年消费占比约 24%。

（1）汽车用铝合金。铸造铝合金主要用于制造发动机缸体、缸盖、进气歧管和活塞等零件，其减重效果明显，又可提高热效率和发动机功率；还用于制造铝合金车轮。变形铝合金主要用于汽车的散热系统、车身、底盘等部位。

（2）轨道交通。铝合金主要用作车体结构，车体外的其他部件有铝合金轴承箱、齿轮箱、车架轴架等。

（3）船舶。船用铝合金基本系列为 5×××系（板材）和 6×××系（挤压型材）。船舶用铝合金按用途可分为船体结构用铝合金、舾装用铝合金和焊接添加用铝合金。船舶用铝合金的应用部位有船侧与船底、龙骨、肋骨、肋板、甲板、发动机台座等。

船用 5×××系铝合金中，Mg 的含量超过 3%（质量分数）的 5083、5086、5456 等合金，镁含量较高，因而强度较高，但同时也造成腐蚀敏感性强；Mg 含量低于 3%（质量分数）的 5454 和 5754 等合金，通常具有较低的强度及晶间腐蚀敏感性。船用 6×××系合金用于生产挤压型材，其代表性的合金为 AA6061 和 AA6082。

1.3.3　电力工业

铝及铝合金导体材料是电缆的重要基础材料,广泛应用于电力工业、信息产业、建筑与装备制造业。电缆产品中用铝量最大的产品是架空输电线,即铝绞线、钢芯铝(合金)绞线、铝合金绞线、铝包钢绞线、复合光纤地线等。据百川盈孚统计,电力工业用铝占铝加工材消费约为12%。铝及铝合金在电力工业中的应用主要有以下几个方面:

(1) 复合光纤地线(OPGW)。OPGW是由光单元和地线单元构成的。地线是由铝包钢线、铝合金线或硬铝线同心绞合成缆制造而成;光单元有铝管结构和不锈钢结构。为了获得优良的电气性能、机械物理性能和其他特殊性能,OPGW的地线部分作为良导体一般采用Al-Mg-Si系高强度铝合金。中国生产的高强度铝合金中添加了特有的稀土金属,形成Al-Mg-Si-Re系高强度铝合金,其性能不但符合IEC60104标准要求,还具有更好的伸长率。

(2) 钢芯铝合金绞线。钢芯铝合金绞线具有很高的抗拉强度、抗外加负荷过载能力,适用于大长度、大跨度、多冰雪暴风等地区的输电线路。

(3) 全铝合金绞线。高强度耐热铝合金由于其电导率高、抗拉强度大、耐热性好及抗腐蚀能力强等特点,逐渐被应用于架空线。

1.3.4　机械制造和电子电器

根据百川盈孚统计资料,机械行业2021年的铝及铝合金消费占比约12%。主要应用于以下几方面:

(1) 标准零部件。铝及铝合金常被用来制造各种标准的机械零部件、建筑部件及日用五金件,如各种紧固件、焊接器材、各种管路、管路附件、把手、拉手、旋钮、轨道、合页等。各种铝合金轴、铝合金齿轮、铝合金轴承、铝合金弹簧等也越来越多地得到应用。

(2) 农业机械和工具。铝合金可用于喷灌机械中的喷灌用铝管、喷头及制造移动式喷淋器与灌溉系统。移动式工具使用大量的铝。铝合金可用作电动和燃气油电动机及电动机外罩、精密铸造机座和引擎组件,包括活塞等。

(3) 化工设备。铝及铝合金材料在石油及化学工业中首先被用来制作各种化工储罐和管道等,贮存和输送那些与铝不发生化学作用或者只有轻微腐蚀但不危及安全的化工物品,如液化天然气、浓硝酸、乙二醇、冰醋酸等。铝件与金属物件碰撞时不会产生火花,有利于贮存易燃易爆物料。铝合金无低温冷脆性,因而更有利于贮运液态氧、氮等低温物质。铝材还应用于化工设备的制造,如分解塔、吸收塔、蒸馏塔、反应罐等。铝具有良好的导热性能,因而适合制作热交换器。

（4）焊接。铝及铝合金焊条、焊丝广泛应用于机械制造业。

（5）家用电器。铝合金加工材料在家用电器领域广泛应用，如电饭煲的内胆、冰箱与冷柜的内外壁板和蒸发器铝管板、空调机热交换翅片、大型计算机的存储磁盘基片等。

（6）电解电容器。铝箔是电解电容器的关键材料，主要类别有高压阳极箔和阴极箔。

1.3.5 消费品包装领域

各种有色金属材料都在包装领域有所应用，铝及铝合金的用量占首位。铝作为包装材料的形式一般有铝板、铝块、铝箔及镀铝薄膜等。铝板通常用于制罐材料或制盖材料，铝块用来制造挤压成型和减薄拉伸成型的罐体，铝箔一般用来制作防潮内包装、复合材料及软包装等。铝箔包装始于20世纪初期，当时铝箔作为最昂贵的包装材料，仅用于高档包装。进入21世纪以来，市场竞争及产品同质化的趋势，刺激了产品包装的快速发展。目前，包装领域铝及铝合金的应用主要有铝制防盗瓶盖、铝塑复合泡罩包装、铝饮料罐、铝塑复合软管包装材料、镀铝纸等。据百川盈孚统计，消费品行业用铝占铝加工材消费约为12%。

1.3.6 航天航空领域

铝材在航空航天工业中应用十分广泛，铝合金是飞机和航天器轻量化的首选材料。目前，铝材占民用飞机结构质量的70%~80%，军用飞机结构质量的40%~60%。铝材在火箭与航天器上主要用于制造燃料箱、助燃剂箱。载人飞行器的骨架和操纵杆的大多数主要零部件都是用高强度铝合金制成。其他部分如托架、压板折叠装置、防护板、门和蒙皮板、两个推进器的氮气缸等是用成型性能良好的中等强度铝合金制成。

1.3.7 其他领域

此外，铝材也用于印刷版基领域，其中预涂感光版（pre-sensitized plate，PS版）是预先涂覆感光层，可随时进行晒版的平印版。目前，PS版基的材质大部分采用铝材，部分采用镀铝材或复合铝材。

2 铝电解工艺简述

2.1 技 术 原 理

从原料铝土矿到原铝生产包含 2 个相互独立的生产步骤：氧化铝生产及原铝生产[4-7]。目前，从铝土矿中提取氧化铝的方法有拜耳法、碱石灰烧结法、拜耳—烧结联合法等，但霍尔-埃鲁特电解法为工业铝生产的唯一方法，即冰晶石-氧化铝熔盐电解法，有关取代霍尔-埃鲁特电解法的许多尝试尚未成功。

霍尔-埃鲁特电解法由霍尔和埃鲁特两人在 1886 年同时发明并申请了专利，该法将原料氧化铝（Al_2O_3）溶解在主要含冰晶石（Na_3AlF_6）的电解质中进行电解生产铝。

自该法发明以来，电解质得到很大的改进，电解过程中会添加氟化铝、氟化钙等添加剂，以增加电导率、降低密度和蒸气压，从而降低电解质熔点，正常操作条件下，电解过程通常控制电解质温度为 $940 \sim 965℃$。随着电解温度的升高，水解反应强烈，氟化铝的挥发增加。

电解过程采用炭素材料作阳极，直流电流通入电解槽，在阴极和阳极上发生电化学反应。阴极上电解产物是铝液；阳极上产物为 CO_2 和 CO 气体，在高温情况下 CO 又进一步反应，生成 CO_2。因为炭阳极含硫，硫氧化形成 SO_2，氟化盐与水分反应产生 HF。反应式如下：

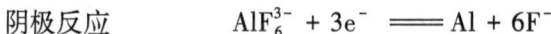

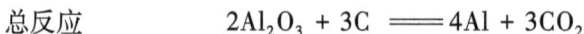

氧化铝溶解　　　$Al_2O_3 + 4AlF_6^{3-} =\!=\!= 3Al_2OF_6^{2-} + 6F^-$

阳极反应　　　　$2Al_2OF_6^{2-} + C =\!=\!= CO_2 + 4AlF_3 + 4e^-$

阴极反应　　　　$AlF_6^{3-} + 3e^- =\!=\!= Al + 6F^-$

总反应　　　　　$2Al_2O_3 + 3C =\!=\!= 4Al + 3CO_2$

由于原料中水分的存在，电解过程还发生如下副反应：

$$2AlF_3 + 3H_2O =\!=\!= Al_2O_3 + 6HF \uparrow$$

以上副反应是电解铝生产的主要污染物氟化氢的来源。

2.2 主体设备及主要原辅料

2.2.1 电解槽

2.2.1.1 概述

电解槽结构包括槽壳、传动机、结构大梁、阳极提升机、槽上打壳下料装置、槽定容下料器、密闭集气槽罩、电解槽内衬等。《铝电解厂工艺设计规范》（GB 50850—2013）要求，槽内衬的设计寿命应不低于 2000 天，即电解槽在投产约 5.5 年后方需进行槽大修，进而产生大修渣。

2.2.1.2 槽型要求

根据《铝电解厂工艺设计规范》（GB 50850—2013），铝电解槽必须采用 200kA 及以上预焙阳极铝电解槽生产工艺。

根据《铝行业规范条件（2020 年）》，电解铝企业须采用高效低耗、环境友好的大型预焙电解槽技术，不得采用国家明令禁止或淘汰的设备、工艺；根据《产业结构调整指导目录（2019 年)》，铝电解槽有关淘汰类别为铝自焙电解槽及 160kA 以下预焙槽。

根据《清洁生产标准 电解铝业》（HJ/T 187—2006），电解槽清洁生产相关指标电解电流强度要求为：一级不低于 200kA、二级不低于 160kA、三级小于 160kA。

根据 2022 年 7 月征求意见的电解铝行业清洁生产评价指标体系，电解槽清洁生产相关指标电解电流强度要求为：一级不低于 500kA、二级不低于 400kA、三级不低于 160kA。

2.2.1.3 槽系列

电解铝厂一个系列一般由上百个电解槽串联而成，电流从电解槽的阴极母线出来后连接到下一台电解槽的阳极母线。根据《铝电解厂工艺设计规范》（GB 50850—2013)，铝电解厂建设的经济规模与槽型选择应符合表 2-1 要求。

表 2-1 铝电解厂建设的经济规模与槽型的选择

铝电解厂系列类型	技改	新 建			
	小型	小型	中型	大型	特大型
系列建设规模/kt·a⁻¹	≥100	100~150	150~250	250~300	300~500
电解槽电流强度/kA	>160	200~240	300~350	350~400	≥400

早期电解槽电流范围大部分在 160~400kA 范围内，经过不断发展，现500kA 电解槽已普遍应用，且已有 600kA 超大型电解槽运行投产。

2.2.2 阴极

2.2.2.1 概述

阴极是电化学反应的一个术语，指的是得电子的极，即发生还原反应的极。铝工业的阴极通常指盛置整个液体铝和电解质的容器[5]。

阴极为无烟煤和沥青制成的炭块，也可采用无烟煤-石墨混合物制成，目前广泛应用的为半石墨质或半石墨化材料。炭块采用炭间糊扎固连接构成整体阴极。

2.2.2.2 分类

根据《铝电解厂工艺设计规范》（GB 50850—2013），阴极分为普通阴极炭块、半石墨质阴极炭块、石墨质阴极炭块、石墨化阴极炭块，应分别满足《铝电解用普通阴极炭块》（YS/T 5230—1993）、《铝电解用石墨质阴极炭块》（YS/T 623—2021）、《铝电解用石墨化阴极炭块》（YS/T 699—2018）（见表2-2~表2-5）；用于填充缝隙的铝电解用阴极糊质量应符合《铝电解用阴极糊》（YS/T 65—2019），根据使用位置和施工温度不同分为四类共13个牌号。

表 2-2 普通阴极炭块理化性质（YS/T 5230—1993）

牌号	灰分/%	电阻率 /μΩ·m	破损系数	体积密度 /g·cm⁻³	真密度 /g·cm⁻³	耐压强度 /MPa
TKL1	≤9	≤55	≤1.5	≥1.54	≥1.86	≥32
TKL2	≤10	≤60	≤1.5	≥1.52	≥1.84	≥30

表 2-3 石墨质阴极底部炭块（YS/T 623—2021）

牌号	常规指标					参考指标			
	真密度 /g·cm⁻³	表观密度 /g·cm⁻³	室温电阻率 /μΩ·m	耐压强度 /MPa	灰分/%	抗折强度 /MPa	杨氏模量 /GPa	线膨胀系数 (300℃)/℃⁻¹	钠膨胀率 /%
GS-1	≥1.91	≥1.56	≤39	≥32	≤8	≥10.0	≤10.0	≤4.2×10⁻⁶	≤1.0
GS-3	≥1.95	≥1.57	≤35	≥24	≤5	≥7.0	≤7.0	≤4.0×10⁻⁶	≤0.8
GS-5	≥1.99	≥1.57	≤30	≥24	≤4	≥7.0	≤7.0	≤4.0×10⁻⁶	≤0.7
GS-10	≥2.08	≥1.59	≤21	≥26	≤2	≥7.5	≤6.5	≤4.0×10⁻⁶	≤0.5

表 2-4 石墨质阴极侧部炭块（YS/T 623—2021）

牌号	常 规 指 标				参 考 指 标	
	真密度 /g·cm⁻³	表观密度 /g·cm⁻³	耐压强度 /MPa	灰分/%	线膨胀系数 （300℃）/℃⁻¹	钠膨胀率 /%
GS-C	≥1.91	≥1.56	≥32	≤8	≤4.2×10⁻⁶	≤1.0

表 2-5 石墨化阴极炭块（YS/T 699—2018）

牌号	常 规 指 标					参 考 指 标			
	真密度 /g·cm⁻³	表观密度 /g·cm⁻³	耐压强度 /MPa	电阻率 /μΩ·m	灰分 /%	抗折强度 /MPa	杨氏模量 /GPa	线膨胀系数 （25~300℃） /℃⁻¹	钠膨胀率 /%
SM	≥2.18	≥1.56	≤16	≤14	≤0.5	≥6	≤7	≤3.5×10⁻⁶	≤0.4

2.2.2.3 阴极寿命

由于电解质和钠的入渗，电解槽底部炭块会发生膨胀破损，导致电解槽停产大修。受电解槽结构及生产操作的影响，电解槽典型平均寿命为 1800~2800 天，长的可达 4000 天。

2.2.2.4 惰性阴极

惰性阴极也称可湿润阴极。现代铝电解槽中使用的炭块底衬是不被铝润湿的，为了保持平整、稳定的阴极表面，需保持液态铝的厚度在 10~40cm，槽结构因此也必须是水平放置的。惰性阴极的使用没有上述限制，垂直或倾斜的电极都可利用，铝离子可直接在惰性可湿润阴极上放电生成铝[5,8]。

对惰性阴极的基本要求有：在高温下具有良好的热稳定性和机械强度；能抵御铝液和电解液的腐蚀作用；对铝液有良好的湿润性；能够和基体材料良好地结合，从而阻止电解液渗透；在高温下有良好的导电性[9]。

因受熔融冰晶石和熔融铝的浸蚀，阴极材质的选择尤为重要。1962 年有研究介绍 TiB₂ 作为一种可湿润阴极，因其熔点高、硬度高、导电性和导热性好、与熔融金属具有良好的湿润性、抗金属铝及冰晶石-氧化铝熔盐腐蚀性能、价格相对锆（Zr）的硼化物或碳化物价格低等优点，被看作是最好的惰性阴极材料之一，大多数惰性阴极研究也以 TiB₂ 作为主要成分。

根据近年的研究，TiB₂ 惰性阴极材料主要有三种类型，分别为 TiB₂ 陶瓷材料、TiB₂-C 复合阴极材料及含有 TiB₂ 的阴极涂层材料。其中，纯 TiB₂ 材料因无合适的制备方法且大块的 TiB₂ 价格较高等因素，尚未进行工业应用；受制造缺陷、机械冲击、钠和电解质的渗透影响，TiB₂-C 复合阴极材料会发生破损断裂，若在工业槽上大规模运用，还需进一步解决、优化上述存在的问题；TiB₂ 阴极涂层是当前应用最多的一种形式，国内就云南省而言，云铝润鑫铝业有限公司已研制了加热固化设备及改进涂覆的方法，实现了 TiB$_2$ 阴极碳胶涂层在工业电解槽上的应用，提高了电解经济技术指标，并延长铝电解槽寿命至 3000 天以上[10]。

2.2.3 氧化铝

氧化铝分子式为 Al$_2$O$_3$，又称矾土、刚玉，相对分子质量为 101.96，为白色粉末，密度为 3.9~4.0g/cm^3，熔点为 2050℃，沸点为 2980℃。

氧化铝是电解铝生产的主要原料，也是电解烟气干法脱氟的吸附剂。此外，氧化铝也用作保温材料，与电解质形成结壳，覆盖在电解质液面上，常采用氧化铝-固体电解质碎块混合物覆盖在阳极表面进行保温。

为了得到优质金属铝，电解铝生产过程中要求氧化铝化学纯度高、化学活性大、物理性能好、粒度适中[4]。根据《铝电解厂工艺设计规范》（GB 50850—2013），氧化铝质量不应低于《氧化铝》（GB/T 24487—2009）规定的二级品。

现行氧化铝标准包括《氧化铝质量标准》（YS/T 274—1998）见表 2-6、《氧化铝》（GB/T 24487—2009）见表 2-7、《冶金级氧化铝》（YS/T 803—2012）见表 2-8。其中，YS/T 274—1988 适用于熔盐电解法生产金属铝用氧化铝，也适用于生产刚玉、陶瓷、耐火制品及其他氧化铝化学制品用原料氧化铝，包含 4 个牌号的产品；GB/T 24487—2009 主要技术内容来源于 YS/T 274—1998，但未纳入其中的 AO-4 牌号适用于熔盐电解法生产金属铝用氧化铝，也适用于生产刚玉、陶瓷、耐火制品及其他氧化铝化学制品用原料氧化铝；YS/T 803—2012 分为 YAO-1、YAO-2、YAO-3 三个牌号，适用于熔盐电解法生产金属铝所用的氧化铝，即冶金级氧化铝。

表 2-6 氧化铝的化学成分（YS/T 274—1998）

牌号	化学成分/%				
	Al$_2$O$_3$	杂 质			
		SiO$_2$	Fe$_2$O$_3$	Na$_2$O	灼减
AO-1	≥98.6	≤0.02	≤0.02	≤0.50	≤1.0
AO-2	≥98.4	≤0.04	≤0.03	≤0.60	≤1.0
AO-3	≥98.3	≤0.06	≤0.04	≤0.65	≤1.0
AO-4	≥98.2	≤0.08	≤0.05	≤0.70	≤1.0

注：1. Al$_2$O$_3$ 含量为 100% 减去表 2-6 列杂质总和的余量；
　　2. 表中化学成分按在（300±5）℃温度下烘干 2h 的干基计算；
　　3. 表中杂质成分按《数值修约规则》（GB 8170—1987）处理。

表 2-7 氧化铝的化学成分（GB/T 24487—2009）

牌号	Al$_2$O$_3$	化学成分/%			
		杂 质			
		SiO$_2$	Fe$_2$O$_3$	Na$_2$O	灼减
AO-1	≥98.6	≤0.02	≤0.02	≤0.50	≤1.0
AO-2	≥98.5	≤0.04	≤0.02	≤0.60	≤1.0
AO-3	≥98.4	≤0.06	≤0.03	≤0.70	≤1.0

表 2-8 氧化铝的化学成分（YS/T 803—2012）

牌号	Al$_2$O$_3$	化学成分/%			
		杂 质			
		SiO$_2$	Fe$_2$O$_3$	Na$_2$O	灼减
YAO-1	≥98.6	≤0.02	≤0.02	≤0.50	≤1.0
YAO-2	≥98.5	≤0.04	≤0.02	≤0.55	≤1.0
YAO-3	≥98.4	≤0.06	≤0.03	≤0.65	≤1.0

注：YAO-1、YAO-2 的比表面积应不低于 60m^2/g，小于 45μm 粒度分布百分含量应分别不大于 20% 和 30%。

此外，根据《铝电解废气氟化物和粉尘治理工程技术规范》（HJ 2033—2013），用于电解烟气净化系统使用的吸附剂氧化铝应满足如下要求：

（1）GB 24487—2009 二级以上的质量要求；

（2）粒径要求为大于 150μm 的含量低于 5%，小于 45μm 的含量不高于 12%；小于 20μm 含量不高于 3%；

（3）比表面积（指单位质量物料的外表面积与内孔表面积之和的总表面积，用于表征氧化铝的化学活性）不低于 80m^2/g；

（4）α-氧化铝含量低于 10%；

（5）磨损指数不大于 25%；

（6）安息角（指物料在光滑平面上自然堆积的倾角，用于表征氧化铝的流动性能）不大于 35°。

2.2.4 氟化铝

氟化铝呈白色粉末状，沸点为 1260℃，挥发性大。在电解过程中，氟化铝优先从电解质中挥发出来，且会与氧化铝中的杂质氧化钠和水分反应产生氟化钠和氟化氢，从而使电解质摩尔比（NaF/AlF$_3$）升高[4]。

低摩尔比可降低电解温度和铝在电解质中的溶解度，有利于提高电流效率，大型预焙槽普遍采用低摩尔比进行生产，摩尔比控制在 2.2~2.4[7]。因此，随着氟化铝的消耗，需定期添加，其中需添加的部分氟化铝由电解烟气氧化铝干法净化工艺产生的载氟氧化铝进行补充。

$$3H_2O + 2AlF_3 == Al_2O_3 + 6HF\uparrow$$
$$3Na_2O + 2AlF_3 == Al_2O_3 + 6NaF$$

《氟化铝》（GB/T 4292—2017）分为 AF-0、AF-1、AF-2 三个牌号，根据《铝电解厂工艺设计规范》（GB 50850—2013），应用于电解槽的氟化铝不应低于 GB/T 4292—2017 规定的一级品（见表 2-9）。

表 2-9 氟化铝的化学成分和物理性能（GB/T 4292—2017）

牌号	化学成分（质量分数）/%								松装密度/g·cm⁻³
	F	Al	Na	SiO_2	Fe_2O_3	SO_4^{2-}	P_2O_5	灼减量	
AF-0	≥61.0	≥31.50	≤0.30	≤0.10	≤0.06	≤0.10	≤0.03	≤0.5	≥1.5
AF-1	≥60.0	≥31.00	≤0.40	≤0.32	≤0.10	≤0.60	≤0.04	≤1.0	≥1.3
AF-2	≥60.0	≥31.00	≤0.60	≤0.35	≤0.10	≤0.60	≤0.04	≤2.5	≥0.7

2.2.5 冰晶石

冰晶石主要成分为 Na_3AlF_6，含氟 54.3%，通常呈粒状或致密块状。白色，含杂质时呈浅灰、棕红、灰白、灰黄等色，玻璃光泽至油脂光泽，硬度为 2~3，密度为 $2.95~3.1g/cm^{3[3]}$。

根据《铝电解厂工艺设计规范》（GB 50850—2013），应用于电解槽的冰晶石不应低于《冰晶石》（GB/T 4291—2017）规定的一级品标准，并应根据电解槽在焙烧启动、后期管理等不同阶段，使用高摩尔比冰晶石和普通冰晶石。

根据 GB/T 4291—2017，冰晶石分为两类、四个牌号，摩尔比为 2.80~3.00 的为高摩尔比冰晶石，牌号带 H；摩尔比为 1.00~2.80 的为普通冰晶石，牌号带 M，见表 2-10。

表 2-10 冰晶石的化学成分和物理性能（GB/T 4291—2017）

牌号	化学成分（质量分数）/%									灼减量（质量分数）/%
	F	Al	Na	SiO_2	Fe_2O_3	SO_4^{2-}	CaO	P_2O_5	湿存水	
CH-0	≥52	≥12	≤33	≤0.25	≤0.05	≤0.6	≤0.15	≤0.02	≤0.20	≤2.0
CH-1	≥52	≥12	≤33	≤0.36	≤0.08	≤1.0	≤0.20	≤0.03	≤0.40	≤2.5
CM-0	≥53	≥13	≤32	≤0.25	≤0.05	≤0.6	≤0.20	≤0.02	≤0.20	≤2.0
CM-1	≥53	≥13	≤32	≤0.36	≤0.08	≤1.0	≤0.6	≤0.03	≤0.40	≤2.5

2.2.6 氟化钠

氟化钠分子式为 NaF，为无色发亮的晶体，有时半透明，密度为 2.79g/cm³，熔点为 992℃，沸点为 1700℃。在电解槽开动初期，由于电解质被炭素内衬选择性吸附钠盐造成摩尔比下降而加入，也可采用碳酸钠替代[4]。根据《铝电解厂工艺设计规范》（GB 50850—2013），应用于电解槽的氟化钠不应低于《氟化钠》（YS/T 517—2009）规定的二级品（见表 2-11）。

表 2-11　氟化钠的化学成分（YS/T 517—2009）

等级	化学成分/%						
	NaF	SiO₂	碳酸盐（CO₃²⁻）	硫酸盐（SO₄²⁻）	酸度（HF）	水中不溶物	H₂O
一级	≥98	≤0.5	≤0.37	≤0.3	≤0.1	≤0.7	≤0.5
二级	≥95	≤1.0	≤0.74	≤0.5	≤0.1	≤3	≤1.0
三级	≥84		≤1.49	≤2.0	≤0.1	≤10	≤1.5

2.2.7 碳酸钠

碳酸钠别名纯碱、苏打，有无水碳酸钠、一水碳酸钠、七水碳酸钠、十水碳酸钠。其中无水碳酸钠的分子式为 Na_2CO_3，相对分子质量为 105.99，为白色粉末或细粒[1]。

根据《铝电解厂工艺设计规范》（GB 50850—2013），应用于电解槽的碳酸钠不应低于《工业碳酸钠》（GB 210—2022）规定的 Ⅱ 类一等品（见表 2-12）。

表 2-12　工业碳酸钠的化学成分（GB 210—2022）

指 标 项 目		Ⅰ类	Ⅱ类		
		优等品	优等品	一等品	合格品
总碱量（以 Na₂CO₃ 计，以干基计）w/%		≥99.4	≥99.2	≥98.8	≥98.0
总碱量（以 Na₂CO₃ 计，以湿基计）w/%		≥98.1	≥97.9	≥97.5	≥96.7
氯化钠（以 NaCl 计，以干基计）w/%		≤0.30	≤0.70	≤0.90	≤1.20
铁（Fe，以干基计）w/%		≤0.0025	≤0.0035	≤0.0055	≤0.0085
硫酸盐（以 SO₄²⁻ 计，以干基计）w/%		≤0.03			
水不溶物的质量分数 w/%		≤0.02	≤0.03	≤0.10	≤0.15
堆积密度/g·mL⁻¹		≥0.85	≥0.90	≥0.90	≥0.90
粒度①	180μm 筛余物 w/%	≥75.0	≥70.0	≥65.0	≥60.0
	1.18mm 筛余物 w/%	≤2.0			

注：Ⅰ类为特种工业用重质碳酸钠，适用于制造显像管玻壳、光学玻璃；
　　Ⅱ类为一般工业用碳酸钠，包括轻质碳酸钠和重质碳酸钠。
①为重质碳酸钠控制指标。

2.2.8 氟化钙

氟化钙分子式为 CaF_2，相对分子质量为 78.07，别名萤石、氟石，为白色粉末或立方结晶，密度为 $3.18g/cm^3$，熔点为 1402℃，沸点为 2497℃。根据《铝电解厂工艺设计规范》（GB 50850—2013），应用于电解槽的氟化钙不应低于《氟化钙》（GB/T 27804—2011）规定的二级品（见表2-13）。

表 2-13 氟化钙的化学成分（质量分数）（GB/T 27804—2011）

项目	I 类	II 类	
		一等品	合格品
氟化钙/%	≥99.0	≥98.5	≥97.5
游离酸（以 HF 计)/%	≤0.10	≤0.15	≤0.20
二氧化硅（SiO_2）/%	≤0.3	≤0.4	—
铁（以 Fe_2O_3 计)/%	≤0.005	≤0.008	≤0.015
氟化物（Cl)/%	≤0.20	≤0.50	≤0.80
磷酸盐（P_2O_5)/%	≤0.005	≤0.010	—
水分/%	≤0.10	≤0.20	

注：I 类主要用于制造光学玻璃、光导纤维等原料；
II 类主要用于搪瓷、陶瓷等原料。

2.2.9 碳酸锂

碳酸锂分子式为 Li_2CO_3，相对分子质量为 73.89，为无色单斜晶系结晶体或白色粉末，密度为 $2.11g/cm^3$，熔点为 723℃。

碳酸锂用于制取各种锂的化合物、金属锂及其同位素；用于制备化学反应的催化剂；半导体、陶瓷、电视、医药和原子能工业也有应用；在水泥外加剂里作为促凝剂使用；电解铝工业中部分企业也少量添加用作电解质添加剂。

2.2.10 阳极

2.2.10.1 概述

铝电解用阳极由石油焦和煤焦油黏结剂混合焙烧制成，分为预焙阳极和自焙阳极。自焙阳极由于电流的通过，阳极糊料缓慢向下流动的过程中在电解槽内逐渐被焙烧成导电性良好的固体阳极[5]；预焙阳极则为电解槽外预制合格成型炭块，经组装后置于电解槽内进行生产，其优势在于阳极焙烧烟气（除氟化物、二氧化硫和颗粒物外，还含有沥青烟和苯并［α］芘）和电解烟气（主要含氟化物、二氧化硫和颗粒物）分别处理，电解槽便于实施机械化、自动化作业和集中有效治理电解烟气[11]。

霍尔-埃鲁特电解法原始专利采用的是预焙阳极；根据《铝电解厂工艺设计规范》（GB 50850—2013）及《铝行业规范条件（2013 年）》，新建铝电解槽必须采用预焙阳极铝电解槽生产工艺；根据《产业结构调整指导目录（2019 年本）》，铝自焙电解槽为淘汰类。

根据《铝电解厂工艺设计规范》（GB 50850—2013），预焙阳极理化性能应符合《铝电解用预焙阳极》（YS/T 285—2012）；尺寸及允许偏差应符合表 2-14 要求；电流密度不低于 $0.8A/cm^2$ 时，宜采用表观密度在 $1.56g/cm^3$ 以上的优质预焙阳极。

表 2-14　预焙阳极尺寸及允许偏差

阳极块规格（长×宽×高）/mm×mm×mm	相对允许偏差			
	长/mm	宽/mm	高/mm	不直度
（1450~1850）×（660~750）×（550~650）	±1.0	±1.5	±3.0	不大于长度的 1%

2.2.10.2　预焙阳极生产工艺

预焙阳极生产主要原料为石油焦和沥青，主要生产工序包括石油焦煅烧、沥青熔化、生阳极制造、阳极焙烧，如图 2-1 所示。

（1）石油焦煅烧。石油焦经破碎后送煅烧炉煅烧，煅烧温度为 1150~1200℃，煅烧焦经冷却破碎后送生阳极制造工序。

（2）沥青熔化。沥青经破碎、熔化、脱水后，送生阳极制造工序。

（3）生阳极制造。生阳极制造一般包括中碎筛分、磨粉、配料、混捏、成型和炭块冷却等工序。

（4）中碎筛分。煅烧石油焦及残阳极（若回收电解铝企业残阳极或电解铝企业配套有阳极生产工序）分别设立筛分系统，实现残极、煅烧石油焦精确配料。

（5）磨粉。配料时各种焦炭粒子不平衡料，以及破碎、筛分、输送、配料等工序的含尘废气经布袋除尘器收集得到的颗粒物，从磨粉给料仓给料机送入球磨机中进行磨粉。

（6）混捏、冷却、成型。不同粒度的煅烧焦、残极、球磨粉等物料配比后，送入预热混捏锅中预热，至所需温度后干料进入混捏锅，同时加入液体沥青进行充分搅拌捏合并继续加热，混捏成合格的糊料。糊料经冷却、均温、成型脱模后得到生阳极。

（7）阳极焙烧。生炭块在焙烧炉内进行焙烧，加热炉室的最高火道温度控制在 1150~1200℃。多功能天车把阳极块夹至熟块清理机组上，经过清理、翻转、编组后得到阳极炭块。

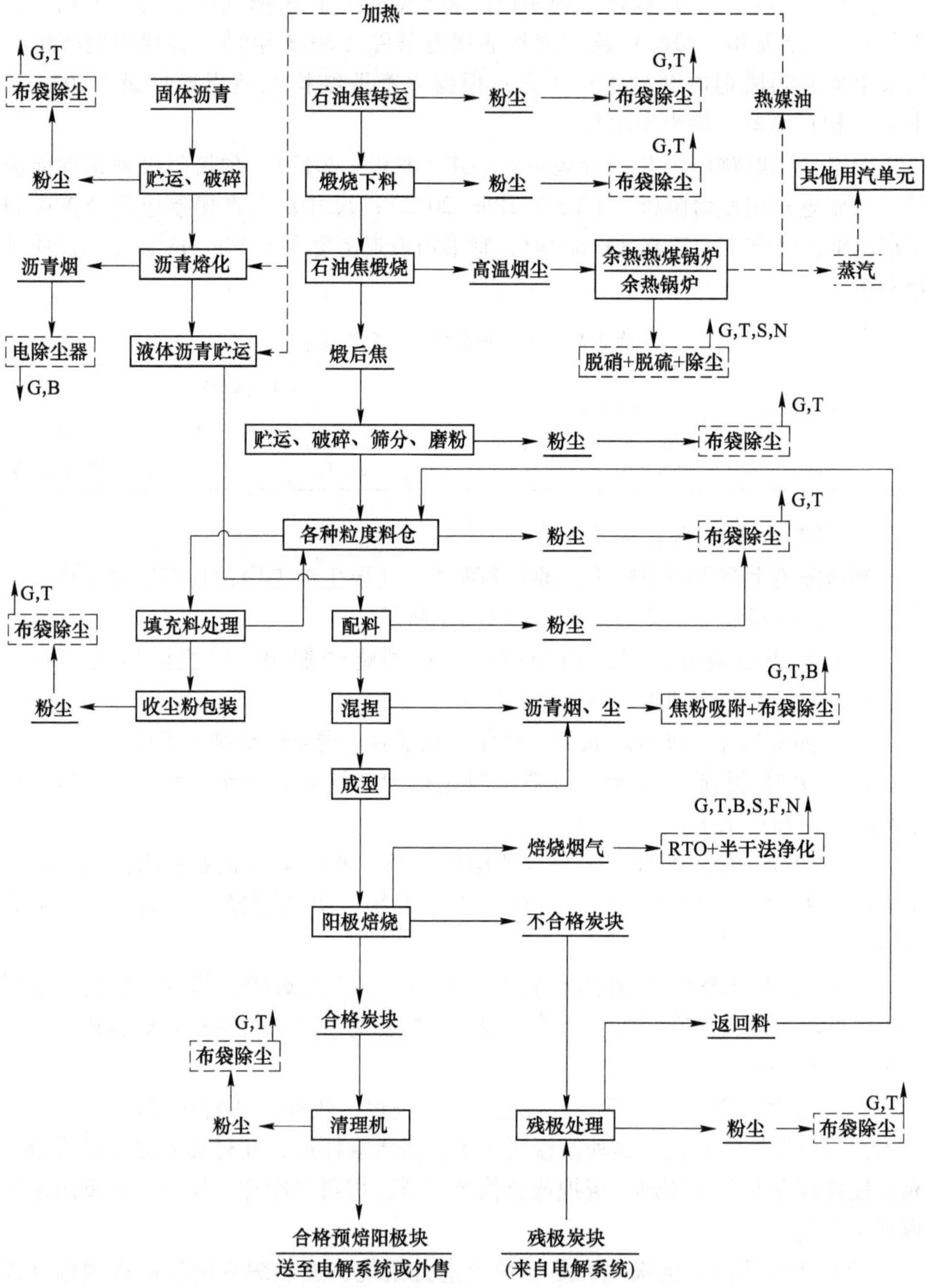

图 2-1 阳极生产典型工艺及废气污染物产排污节点图
G—废气；T—颗粒物；B—沥青烟；S—二氧化硫；F—氟化物；N—氮氧化物

2.2.10.3　主要大气污染物

阳极生产主要原料石油焦主要成分是碳，此外还含有少量硫分、灰分等；沥青主要成分是游离碳、烃类及包括 B[α]P 在内的衍生物。

因此，阳极主要生产的大气污染物包括阳极焙烧炉烟气中的氟化物、沥青烟、B[α]P、SO_2、颗粒物、NO_x 等（主要采取蓄热式热力焚烧净化、脱硫等措施，NO_x 浓度超过排放标准时，应进行脱硝处理）；石油焦煅烧炉烟气中的 SO_2、NO_x、颗粒物等（主要采取脱硝、脱硫、除尘等措施）；沥青熔化及贮运过程中的沥青烟（宜采用蓄热式热力焚烧净化器或电捕焦油器治理）；生阳极车间混捏成型废气中的粉尘、沥青烟和 B[α]P（宜采用焦粉吸附+布袋除尘或蓄热式热力焚烧净化器治理）。

2.2.10.4　惰性阳极

惰性阳极指所有析氧的阳极，但由于材料都有一个较小的腐蚀速率，因而更确切的表述应为低耗阳极或析氧阳极[5]。

使用惰性阳极时，理论上阳极在电解过程中不消耗，可解决 CO_2 和 SO_2 的排放问题，电解槽反应式如下：

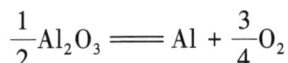

$$\frac{1}{2}Al_2O_3 === Al + \frac{3}{4}O_2$$

除消除炭的消耗外，还能减少阳极吊挂和更换的工作量，因此，惰性阳极的研究及应用一直是电解铝领域的关注重点。惰性阳极可能是由一个大块的材料或一个基体和涂层组成的，惰性阳极可能的基体有金属、陶瓷。在高温有氧的情况下，任何材料几乎都是不稳定的，因而起作用的释放氧的表面是氧化物，但所有的氧化材料在一定程度上都可溶解于冰晶石熔盐体系中，反应式如下：

$$M_2O_3（阳极）+ 2AlF_3 === 2MF_3（熔液）+ Al_2O_3$$

该反应吉布斯自由能的大小可用来说明某种材料是否有希望成为惰性阳极材料。惰性阳极的应用有一个必要条件为避免发生"灾难性腐蚀"，所谓灾难性腐蚀，即电解质中的氧化铝被消耗完后，阳极就可能开始分解，可通过保持电解质中足够的氧化铝避免发生灾难性腐蚀。

2020 年我国铝冶炼行业的碳排放总量约为 5 亿吨，占有色金属行业总排放量的 76%，占全国碳排放总量的 4.6%。在双碳背景下，惰性阳极在铝电解工业生产中的成功应用，将成为实现碳中和目标的核心战略技术，当前，惰性阳极虽已逐步从实验室研究向工业应用研究拓展，但还无法全面满足规模铝电解应用的需要。在未来的研究中，还需进一步提高惰性阳极材料的耐腐蚀性、导电性、抗热震性等，解决电极与阳极导杆可靠连接问题，并尽可能降低生产成本[8,12-13]。

3 铝电解主要污染物产排及污染防治措施

电解铝为高大气污染物排放产品，电解铝生产主要大气污染物为电解过程中产生的氟化物、二氧化硫、颗粒物，以及各物料贮存、转运、破碎等产尘工序产生的颗粒物。

固体废物方面，电解铝生产过程中产生的危险废物大修渣、二次铝灰、炭渣，以及残极、脱硫渣等固体废物也是环境保护关注的重点。

电解铝企业生产废水及生活污水多循环利用不外排，主要生产废水类型包括循环冷却水、初期雨水、脱硫废水等。

以下结合电解铝生产工艺流程对铝电解污染物产排及其污染防治措施进行介绍。

3.1 铝电解主要工艺流程

氟化盐-氧化铝熔融电解法以氧化铝为主要生产原料，氟化盐作为熔剂。电解铝典型生产工艺流程及产排污节点如图 3-1 所示。

生产过程中，将氧化铝、氟化铝等原、辅料按要求的配料比分别送入电解槽内，电解所需阳极炭块在阳极组装工段与导杆组成阳极组以供使用。电解槽通直流电后，熔融电解质在两极上发生电化学反应，阳极上反应生成 CO_2、CO 气体；在阴极上析出液态金属铝，沉积于槽膛底部，地面出铝车将盛有铝液的出铝抬包从电解车间运入铸造车间进行铸造。消耗的阳极需用新阳极定期更换。

电解车间残极冷却工段残极运至阳极组装车间，通过装卸站将残极挂上悬挂输送机输送线，残极通过悬挂输送机自动送到各工作站，经自动或手动电解质清理机、残极压脱、磷铁环脱落等系列工序后，导杆在浇注站用中频炉熔化的磷生铁将新阳极块和导杆上的钢爪铸成一体后成为阳极组装块供电解生产使用，压脱下来的残极返回阳极生产工序（配套阳极生产工序的企业）或外送阳极生产企业（不配套阳极生产线的企业），压脱下来的铁环经清理后重熔，清理下来的电解质破碎成粒度小于 8mm 的电解质粉后返回电解生产作为阳极覆盖料使用。

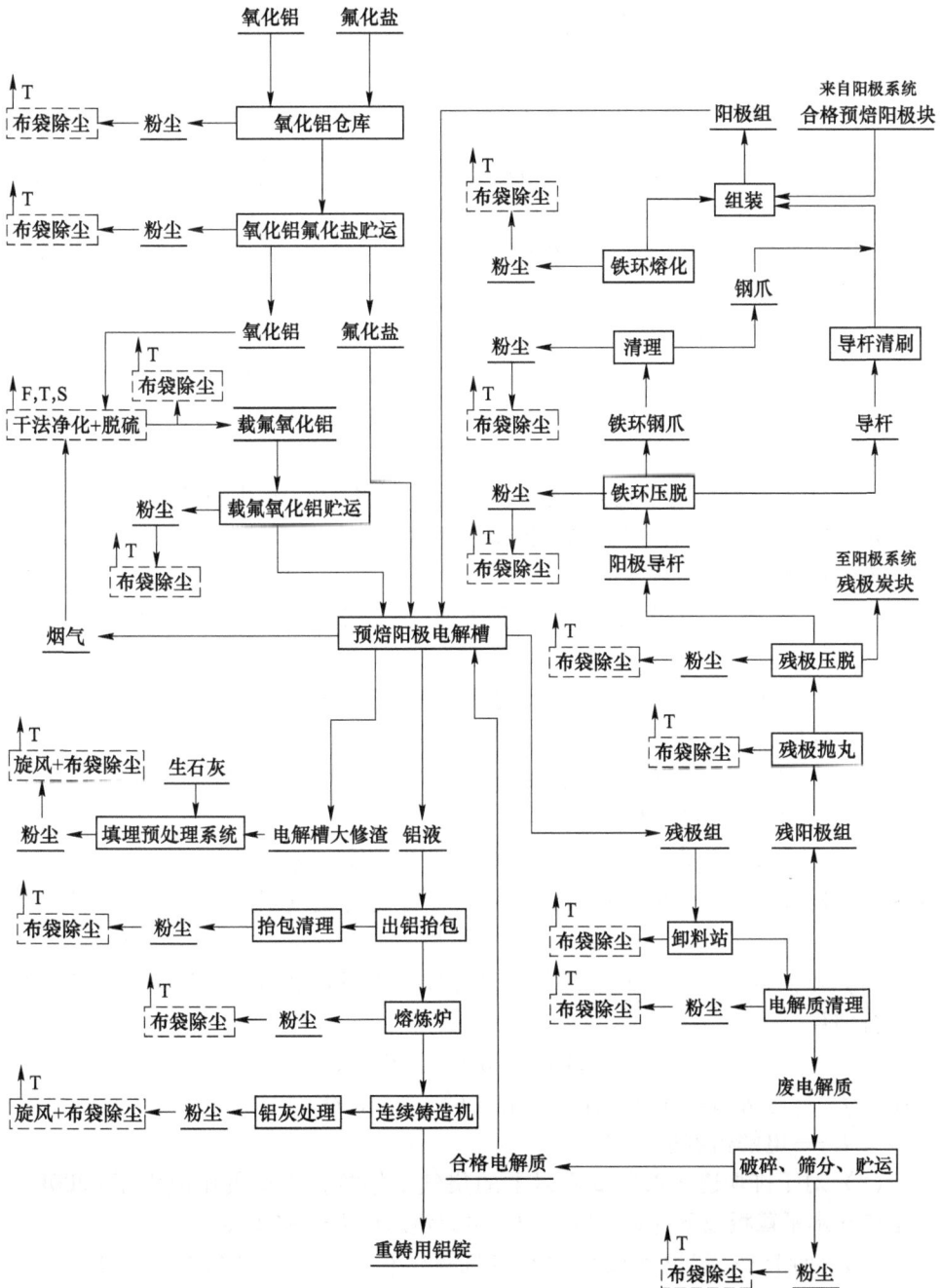

图 3-1　电解铝典型生产工艺流程及产排污节点图

T—颗粒物；F—氟化物；S—二氧化硫

3.2 主要废气污染物及防治措施

3.2.1 电解槽集气效率

氟化盐在熔盐电解过程中发生分解、挥发、渗透及扬散等,导致含有氟化物和粉尘的烟气产生;阳极炭素材料中带入的硫分氧化后生成 SO_2。当电解槽开启时,主要含上述污染物的烟气将外溢。因此,铝电解烟气污染防治的主要任务为保证较高的集气效率。

3.2.1.1 相关要求

A 《铝电解废气氟化物和粉尘治理工程技术规范》(HJ 2033—2013)的要求

(1)集气罩设计应满足《排风罩的分类及技术条件》(GB/T 16758—2008)的规定。

(2)铝电解槽集气罩宜为组合式、全密闭集气罩。铝电解槽集气罩由排烟道、水平罩板和可移动开启的侧部槽罩板组成。其结构形式宜首选上排烟方式,排烟道设计宜有烟道防积灰措施。

(3)电解槽宜采用两段或多段烟道分区高位集气,集气效率不应低于98.5%。

(4)电解槽、活动槽罩板设计应控制罩板间的缝隙在 2mm 以内,阳极导杆和水平罩板间设密封圈。

(5)集气罩结构设计和净化系统抽力设计应控制集气罩内的负压应大于 -10Pa,负压分布在 -10~30Pa 范围内。

(6)新开发的铝电解槽集气罩结构,应根据集气罩的结构尺寸,使用空气流体力学模拟计算软件模拟计算无有害气体外溢时集气罩出口的负压和单槽排烟量。

(7)不同容量铝电解槽集气罩的设计风量也可按实测、类比确定,或用公示进行估算。

$$Q = 2000 + 18.95I - 0.006I^2$$

式中 Q——电解槽集气罩设计排烟量(标态),m^3/h;

I——电解槽容量,kA。

(8)对于排烟道在水平罩板以上的集气罩结构,出口负压应大于 -200Pa;排烟道在水平罩板以下的集气罩结构,出口负压应大于 -400Pa。

(9)使用已有铝电解槽槽型和集气罩结构的设计,除参考第 3.2.1.1 节的(8)的设计计算外,集气罩出口的负压和排烟量应结合实际测量确定。

(10)铝电解槽进行工艺操作,打开槽罩板时,抽风量宜扩大至正常抽风量的两倍以上;集气罩出口负压同样宜升高至正常负压的两倍以上。

（11）风管内风速：垂直管道宜取 8~12m/s，倾斜管道宜取 12~16m/s，水平管道宜取 16~20m/s。

B 《铝电解厂通风除尘与烟气净化设计规范》（GB 51020—2014）的要求

（1）电解槽应采用集气罩盖板进行密闭，密闭效率应大于 99.5%。阳极导杆和水平罩板间缝隙应采取密封措施，电解槽集气效率应大于 98.5%。

（2）残极冷却间的残极降温，宜采用机械排风、自然进风方式，排出的含氟及含尘气体宜送入电解烟气净化系统进行处理。

（3）电解槽排烟支管宜采用双排烟管道形式。正常生产时，烟气应从主烟道系统汇集到净化系统；当电解槽打开槽罩板进行出铝、换极等操作时，副烟管上阀门应打开，烟气应从两条管道中同时排出。

（4）风速控制：排气筒出口处烟气流速，机械排烟宜取 8~15m/s，且不宜低于排气筒出口高度处室外风速的 2.0~2.5 倍。

C 《关于印发〈工业炉窑大气污染综合治理方案〉的通知》（环大气〔2019〕56 号）的要求

推进重点行业污染深度治理，全面加大热残极冷却过程无组织排放治理力度，建设封闭高效的烟气收集系统，实现残极冷却烟气有效处理。

D 《铝电解厂工艺设计规范》（GB 50850—2013）的要求

（1）预焙槽单槽排烟量可按下式计算：

$$Q = (L + W) \times 1/\eta \times H \times v \times 3600$$

式中　Q——单槽排烟量（标态），m^3/h；

　　　L——槽腔长度，m；

　　　W——槽腔宽度，m；

　　　η——槽罩集气效率，%；

　　　H——槽罩内料面至罩内排烟道抽风口的距离，可取 1m；

　　　v——罩内排烟道抽风口控制风速，可取 0.125m/s。

（2）铝电解槽集气效率计算，应符合下列规定：

1）当单槽排烟量与净化系统设计烟气量一致时，可按下式计算：

$$\eta = C_f/C_F \times 100\%$$

式中　η——电解槽密闭槽的集气效率，%；

　　　C_f——实测烟气（未净化前）含氟浓度，mg/m^3；

　　　C_F——集气效率为 100% 时的烟气含氟浓度，mg/m^3。

2）当实际单槽排烟量与净化系统设计烟气量不同时，可按下式计算：

$$\eta = \frac{C_f n Q_i \times 24}{N A_d F_y} \times 1000000$$

式中　n——净化系统集气的实际槽数，台；

Q_i——单槽实际排烟量（标态），m^3/h；

N——净化系统集气的设计槽数，台；

A_d——电解槽日产铝量，t/d；

F_y——吨铝排氟量，kg/t。

（3）负压控制。电解槽排烟系统中，槽罩内负压应大于$-10 \sim -5Pa$，电解槽之间的负压差为$-30 \sim -10Pa$。

（4）风速控制。水平排烟管道和小于烟尘粉料安息角的倾斜管道的控制风速宜为$16 \sim 18m/s$，大于烟尘粉料安息角的倾斜管道的控制风速宜为$12 \sim 18m/s$。

3.2.1.2　当前控制水平

随着环保要求的日益提升及铝电解技术的不断进步，现通过采取措施，设计可将集气效率提升至99.5%，主要控制措施如下：

（1）电解槽采用小块盖板组成槽罩进行密闭，所有阳极装置及槽面均封闭在罩内；通过风机在密闭罩内形成负压，有效地避免电解槽烟气外泄。

（2）电解槽槽壳结构、内衬及母线配置等经计算机优化设计，槽壳采用高强度的船形摇篮型结构，增加槽壳强度，能承受生产过程中的内应力，电解槽不易变形，避免因高温变形影响密闭性能。

（3）采用多段式上烟道集气方式、双管排烟结构，开槽操作时，副烟管开启，增大排烟量，有效避免烟气外溢。

（4）缩短阳极更换操作时间：阳极升降装置采用传动效率高的滚珠丝杠-三角板结构、采用多功能天车进行机械化更换阳极。

（5）氧化铝采用超浓相输送、计算机自动控制加料技术，实现点式中间加料。

（6）打壳、阳极效应及电解质和铝水平测定等操作采用自动化控制，不需要开启槽罩板进行操作。

（7）仅在出铝、更换阳极、捞炭渣及分析取样、调液位等操作时需少量开启槽罩板，其他操作均在槽密闭状态下进行，控制单槽每天平均开启时间在30min以内。

（8）电解车间就近设置残极冷却箱，残极冷却箱严格密封，并利用拖车实现移动。换极时，将残极及捞出的渣立即放入残极冷却箱，每个残极冷却箱可与净化系统集气管道快速连接，将残极烟气引入净化系统集中处理。

3.2.2　氟化物的产生及防治

3.2.2.1　来源及支出

进入电解槽的氟主要由新加氟化盐带入、烟气净化回收的载氟氧化铝带入和返回电解质带入。支出主要包括三部分，分别为电解槽体吸收、进入电解烟气，以及捞渣、残阳极带出等。

根据《铝电解厂工艺设计规范》（GB 50850—2013），铝电解槽产生并进入净化系统的全氟物应包括电解质蒸发物和一次生产的氟化氢。生产每吨铝的排氟量可按下式计算：

$$W = 279/(CR)^2 + 0.047t - 61$$

式中　W——生产每吨铝的排氟量（以氟计），kg/t；

　　　CR——NaF/AlF_3 的摩尔比；

　　　t——电解温度，℃。

根据《铝电解废气氟化物和粉尘治理工程技术规范》（HJ 2033—2013），预焙铝电解槽生产每吨铝将产生总氟 15~40kg；根据《铝电解厂通风除尘与烟气净化设计规范》（GB 51020—2014），电解槽烟气散发的氟化物总量为 15~35kg。

3.2.2.2　氧化铝干法净化技术

A　原理

当前氟化物主要采取氧化铝干法净化技术，即以铝电解原料氧化铝为吸附剂，吸附为表面作用，吸附剂的比表面积越大其吸附能力越强。吸附质的沸点越高越容易被吸附，相反则难于被吸附。吸附一般分为物理吸附和化学吸附。吸附反应原理反应式如下：

吸附：

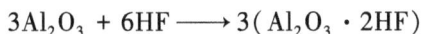

$$3Al_2O_3 + 6HF \longrightarrow 3(Al_2O_3 \cdot 2HF)$$

转化：

$$3(Al_2O_3 \cdot 2HF) \longrightarrow 2AlF_3 + 3H_2O + 2Al_2O_3$$

总反应式：

$$Al_2O_3 + 6HF \longrightarrow 2AlF_3 + 3H_2O$$

B　典型工艺

氧化铝干法吸附一般采用两段干法净化工艺（见图3-2）或其他高效吸附净化工艺。

两段净化宜为载氟氧化铝优先加入高氟化氢浓度的烟气完成一次反应；新鲜氧化铝加入低浓度氟化氢的烟气完成二次反应。典型流程为：对电解槽采用罩板进行密闭，烟气在风机的抽力作用下由各槽上的支管汇入总管，在设于布袋除尘器前的反应器处定量加入氧化铝作为氟化氢吸附剂，氧化铝和烟气在极短时间内均匀混合、充分接触，烟气中的氟化氢被氧化铝吸附下来并在其表面发生化学反应生成氟化铝。反应后的载氟氧化铝随烟气进入布袋除尘器实现气固分离。布袋除尘器收下的载氟氧化铝，一部分由电解上料系统加入电解槽，另一部分作为循环氧化铝返回净化系统继续作为氟化氢吸附剂。

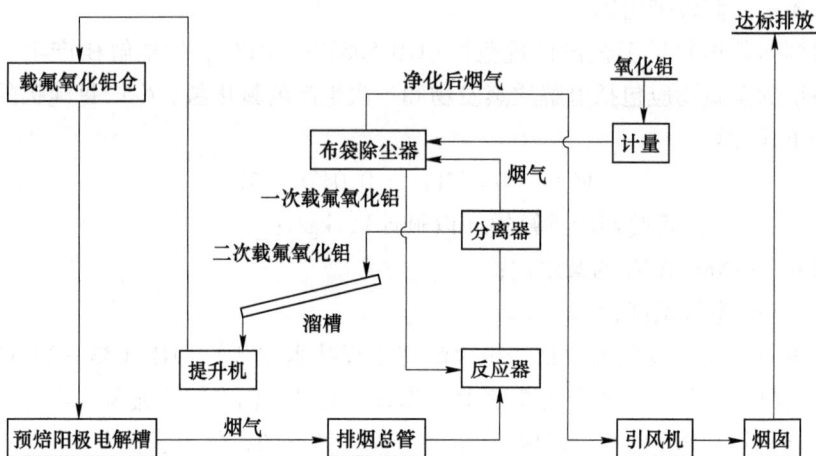

图 3-2 两段干法净化工艺流程图

C 主要参数要求

根据《铝电解厂工艺设计规范》（GB 50850—2013），电解烟气净化系统每 $1m^2/g$ 比表面积的氧化铝对氟化氢的单分子层化学吸附系数可取 0.033%（质量比）。净化系统循环回收的载氟氧化铝宜返回电解生产使用。

《铝电解厂通风除尘与烟气净化设计规范》（GB 51020—2014）的有关规定如下：

（1）新氧化铝的最小用量应按氧化铝单位比表面积饱和吸氟量 $0.3mg/m^2$ 计算。

（2）收尘效率不应低于 99.99%。

（3）除尘器漏风量不应大于 2%。

（4）固气比应为 $5\sim14kg/m^3$。

（5）净化系统总烟气量应包括本系统所有电解槽的排烟量、净化系统的鼓入风量，以及系统的漏风量。当残极冷却间、超浓相输送等系统接入净化系统时，其风量应计入总烟气量。电解槽单槽烟气量应根据工业专业设计要求确定，正常生产时，可按表 3-1 选取。电解槽进行出铝、换极等槽加工操作时，单槽排烟量应增加 100% 以上。

表 3-1 电解槽单槽排烟量

电解槽型	200kA	300kA	400kA	500kA	600kA
单槽排烟量（标态）/$m^3 \cdot h^{-1}$	4500~6000	6500~8000	7000~9000	8000~10000	9000~11000

（6）净化系统的烟气温度宜按当地气温值加上 $100℃\pm10℃$。

D 净化效率

根据《铝电解废气氟化物和粉尘治理工程技术规范》（HJ 2033—2013），氧化铝干法净化工艺的净化效率设计值为97.5%；根据《铝电解厂通风除尘与烟气净化设计规范》（GB 51020—2014），氧化铝干法净化工艺的净化效率应大于99.4%。根据《有色金属工业环境保护工程设计规范》（GB 50988—2014），铝电解槽必须设置烟气氟化物和粉尘治理设施。铝电解槽烟气净化应采用槽罩板密闭集气、氧化铝吸附干法净化技术，电解槽集气效率应高于98.5%，氟化物净化效率应高于99.2%。

根据《有色金属冶炼厂收尘设计规范》（GB 50753—2012），系统总收尘效率应大于等于99.8%，系统总氟净化效率应不小于99%。

3.2.2.3 脱硫工艺的二次脱氟技术

因氟化氢和二氧化硫均为酸性气体，因此，近年来逐渐成熟并投入应用的电解铝脱硫技术在去除二氧化硫的同时，对氟化氢气体也有进一步脱除作用，进一步脱氟效率在36%以上。具体工艺详见第3.2.4.3节。

3.2.3 颗粒物的产生及防治

3.2.3.1 相关要求

A 《铝电解废气氟化物和粉尘治理工程技术规范》（HJ 2033—2013）的要求

铝电解废气粉尘治理工程建设规模应根据铝电解生产规模及工艺合理配套。根据废气的性质，结合经济原则，选取1个污染源配套1套净化系统的单独治理方式，或多个污染源配套1套净化系统的集中治理方式。含不同性质污染物的废气宜单独处理。

铝电解生产过程所有产生粉尘的设备和设施均应设置集气罩及净化系统。生产系统粉状物料输送应选择密闭输送方式，如浓相输送、超浓相输送、管状皮带输送等。用车输送的阳极、残极、电解质块等块状物料应加防尘罩。治理工程根据产生废气的种类和生产工序的不同分为：铝电解废气治理工程、物料贮运系统的废气治理、阳极组装车间的废气治理、大修车间的废气治理和抬包清理车间的废气治理。其中，物料贮运系统废气治理设施需在氧化铝卸料、氟化盐卸料、新鲜氧化铝仓、载氟氧化铝仓、氟化盐贮仓、电解质贮仓等工序/设施设置；阳极组装车间废气治理系统需设置在装卸站、电解质清理、电解质料斗、电解质提升及破碎、残极抛丸、残极压脱、磷铁环压脱及清理、钢爪抛丸及导杆清刷、导杆清刷、残极破碎、残极储仓、磷生铁化铁炉、磷生铁浇铸站及钢爪烘干等工序/设施；大修车间刨炉区需设置除尘系统；抬包清理车间的抬包清理区、吸铝管清洗区等需设置除尘系统。

　　铝电解废气干法净化系统和物料贮运、阳极组装、电解槽大修、抬包清理的除尘系统均应采用机械强制通风的负压净化系统。

　　铝电解废气采用分区集中处理的方式,与氟化物的净化一并考虑,治理系统包括集气罩、排烟罩、排烟管网、氧化铝吸附反应器、袋式除尘器、排风机、烟囱、物料输送系统、连续监测及控制系统、电气及控制系统、压缩空气供给系统、供水系统等,不得设置旁路风管;物料贮运系统、阳极组装车间、大修车间和抬包清理车间的废气治理一般采用单一除尘净化系统,包括集气罩、排烟系统、袋式除尘器、排风机、排气筒、电器及控制系统等。

　　袋式除尘器应符合《环境保护产品技术要求　脉冲喷吹类袋式除尘器》(HJ/T 328—2006)、《环境保护产品技术要求　回转反吹袋式除尘器》(HJ/T 329—2006)、《环境保护产品技术要求　分室反吹类袋式除尘器》(HJ/T 330—2006)的规定;性能应满足《铝工业污染物排放标准》(GB 25465—2010)规定的烟气排放限制的要求;应能够在铝电解生产中同时进行一般性的检查和维修;阻力宜小于1800Pa;漏风率根据其使用负压的大小确定,见表3-2。

表3-2　袋式除尘器本体漏风率

工作负压/Pa	$P \leqslant 3000$	$3000 < P \leqslant 6000$	$P > 6000$
漏风率/%	2.5	3.0	3.5

　　袋式除尘器宜采用脉冲喷吹清灰方式。处理风量应按净化系统需处理废气量的1.1倍计算。

　　袋式除尘器推荐采用针刺毡料或覆膜滤料,滤料的性能应符合《环境保护产品技术要求　袋式除尘器用覆膜滤料》(HJ/T 326—2006)、《环境保护产品技术要求　袋式除尘器用滤料》(HJ/T 324—2006)的规定;滤袋应符合《环境保护产品技术要求　袋式除尘器　滤袋》(HJ/T 327—2006)的规定。袋式除尘器用滤料及滤袋应符合《袋式除尘器技术要求》(GB/T 6719—2009)的规定。

　　滤袋的净过滤风速可根据袋式除尘器的种类、滤料种类和出口排尘要求等工艺条件选择。脉冲喷灰袋式除尘器推荐净过滤风速为1.0~1.5m/min,当出口含尘浓度要求小于5mg/m³时,净过滤风速应不超过0.9m/min,非覆膜滤料的反吹袋式除尘器,净过滤风速不应超过0.8m/min。铝电解废气净化系统,使用针刺毡滤料的除尘器过滤风速选择为1.0~1.2m/min。袋式除尘器的处理风量、净过滤风速、净过滤面积、总过滤面积之间的计算公式如下:

$$S_{净} = Q/60v$$

$$S_{总} = S_{净} + S_{清}$$

式中　$S_{净}$——总过滤面积,m²;

　　　　Q——袋式除尘器的处理风量,m³/h;

  v——净过滤风速，m/min；

  $S_总$——净过滤面积，m^2；

  $S_清$——执行清灰单元的滤袋面积，m^2。

  B 《铝电解厂通风除尘与烟气净化设计规范》（GB 51020—2014）的要求

  除尘系统设计应符合下列要求：系统总风量应按同时工作的排放点风量总和附加各非同时工作排风点排风量的 15%~20% 确定。各排风点的排风管上应装设调节阀，在各非同时工作的排风管上应装设启闭阀，并应与对应的工艺生产设备连锁。对产排风复核变化较大的系统，其设备应采取节能措施。系统收集的粉尘及含尘污水应采取回收或处理措施，符合工艺生产要求时应返回工艺流程中，不符合工艺生产要求时应明确去向和运输方式，并应设置相应的输送设备。粉尘的收集和处理应采取防止二次污染的措施。

  散发粉尘及有害气体的生产过程宜自动化、机械化，并应采取密闭、隔离和负压操作措施，生产设备应密闭并设收尘罩。系统应根据粉尘的性质、温度、湿度等特性，采取保温和排水等防止结块、黏结、堵塞管道的措施，并应在管道上设置清扫口。除尘器前的管路上可设置压缩空气吹扫等设施。对于电解质清理机、电解质破碎机、残极破碎机、筛分机，应采用整体密闭或大容积密闭形式。安装斗式提升机、胶带运输机等设备的地坑，宜设置全面通风除尘设施，换气次数每小时不宜小于 6 次。除尘系统排向大气的排气筒高度及有害浓度，应符合《大气污染物综合排放标准》（GB 16297—1996）及《铝工业污染物排放标准》（GB 25465—2010）的有关规定。除尘器、通风机等进出口管路上应设置风量、压力、温度及有害物浓度等测定孔，并应设置相应的测试用电源。

  选择除尘器等空气设备时，应附加风管等漏风量，风管允许漏风量应符合以下规定：风管漏风量应根据管道长度及气密程度确定，对于送、排风系统宜为系统总风量的 5%~10%，除尘系统宜为系统总风量的 10%~15%。

  除尘器宜布置在除尘系统的负压段，设备布置应便于收尘粉返回工艺系统或回收输送。处理有爆炸、燃烧危险的粉尘的除尘器，应采取防静电措施，并应设有泄爆装置。

  电解车间的电解质卸车料斗处、斗式提升机及电解质储仓顶等产尘处，应采取除尘措施，除尘器收下的粉尘宜送入电解质储仓作为生产物料；天车料仓加料点的除尘器宜为天车自带；电解槽顶部氟化盐加料箱的除尘器宜为加料箱自带。

  对于铸造车间，消除车间余热宜采用自然通风方式。燃气式混合炉炉前操作口应设置排风系统，且宜并入炉的尾气除尘系统中；铝锭模具预热时产生的烟气，宜在烘干区域上方设置通风设施除去。

  抬包清理间中抬包清理机、切砖机和磨砖机等生产设备产生的粉尘，应设置除尘系统清除。

阳极组装车间中残极堆放区余热及有害气体的消除宜采用自然通风方式；车间全面通风，宜采用机械通风方式；磷铁熔化区宜采用自然通风方式；磷铁熔化炉加料及捞渣时溢出的烟气宜设置机械排风系统排除，排风罩宜设置为回转式，罩口风速不宜小于 2.5m/s；磷铁浇铸时产生的烟气，宜在该区厂房上部设置屋顶风机排除。排风量宜按每浇铸 1t 磷铁产生 40000~50000m³/h 的烟气量计算；中频炉配电室宜设置机械通风系统；人工电解质清理作业时，宜在清理工位一侧设置侧吸条缝排尘罩，除尘器收下的粉尘宜运至电解车间室外电解质料仓；装卸站托盘翻转产生的粉尘，应设置除尘系统处理，除尘器收下的粉尘宜运至电解车间室外电解质料仓；电解质清理机产生的粉尘，应设置除尘系统处理，除尘器收下的粉尘应设置储仓贮存外卖；磷铁环压脱机和磷铁环清理机产生的粉尘，应设置除尘系统处理，除尘器收下的粉尘宜采用料箱贮存，并与磷铁环清理机废料一并处理；钢爪抛丸机产生的粉尘应设置除尘系统处理，除尘器收下的粉尘宜采用接料箱贮存，并与钢爪抛丸机废料一并处理；铝导杆清刷机产生的粉尘，应设置除尘系统处理，除尘器收下的粉尘宜采用接料箱贮存，并应与铝导杆清刷机废料一并处理；电解质的给料、运输、破碎、筛分、装车设备及料仓在生产过程中的粉尘应设置除尘系统处理，除尘器收下的电解质应送入电解质仓；破碎机应整体密闭，料仓下出料装车口宜根据车型设置排风罩；阳极组装车间地面宜采用真空清扫系统。

对于电解槽修理及辅修，电解槽内衬修理间余热及有害气体的消除应采用自然通风；应设置除尘系统的产尘设备如下：炭块加工部的铣床、锯床等，阴极棒清理用的喷砂室或抛丸室的清理设备，耐火材料加工部的磨砖机、切砖机，混捏锅应设置排烟罩排风，焊接工区宜设置全面排风。

对于氧化铝及氟化盐贮运，袋装氧化铝、氟化盐在料斗处拆袋时产生的粉尘应设置除尘系统处理，宜采用袋式除尘器，收下的氧化铝、氟化盐应返回工艺流程；料斗处宜设置条缝形侧吸式排风罩，条缝口风速不宜大于 14m/s；氧化铝输送设备、贮仓、加料箱等部位产生的粉尘，应设置除尘系统处理，除尘设备宜采用袋式除尘器，收下的氧化铝应进入工艺输送系统。

C 《关于印发〈工业炉窑大气污染综合治理方案〉的通知》（环大气〔2019〕56号）的要求

实施污染深度治理，推进工业炉窑全面达标排放。已有行业排放标准的工业炉窑，严格执行行业排放标准相关规定，配套建设袋式等高效除尘设施，确保稳定达标排放。

全面加强无组织排放管理。严格控制工业炉窑生产工艺过程及相关物料贮存、输送等无组织排放，在保障生产安全的前提下，采取密闭、封闭等有效措施（见表3-3），有效提高废气收集率，产尘点及车间不得有可见烟粉尘外逸。

生产工艺产尘点（装置）应采取密闭、封闭或设置集气罩等措施。煤粉、粉煤灰、石灰、除尘灰、脱硫灰等粉状物料应密闭或封闭贮存，采用密闭皮带、封闭通廊、管状带式输送机或密闭车厢、真空罐车、气力输送等方式输送。粒状、块状物料应采用入棚、入仓或建设防风抑尘网等方式进行贮存，粒状物料采用密闭、封闭等方式输送。物料输送过程中产尘点应采取有效抑尘措施。

表 3-3　无组织排放控制措施界定

作业类型	措施界定	示　例
密闭	物料不与环境空气接触，或通过密封材料、密封设备与环境空气隔离的状态或作业方式	—
密闭贮存	将物料贮存于与环境空气隔离的建（构）筑物、设施、器具内的作业方式	料仓、储罐等
密闭输送	物料输送过程与环境空气隔离的作业方式	管道、管状带式输送机、气力输送设备、罐车等
封闭	利用完整的围护结构将物料、作业场所等与周围空间阻隔的状态或作业方式，设置的门窗、盖板、检修口等配套设施在非必要时应关闭	—
封闭贮存	将物料贮存于具有完整围墙（围挡）及屋顶结构的建筑物内的作业方式，建筑物的门窗在非必要时应关闭	储库、仓库等
封闭输送	在完整的围护结构内进行物料输送作业，围护结构的门窗、盖板、检修口等配套设施在非必要时应关闭	皮带通廊、封闭车厢等
封闭车间	具有完整围墙（围挡）及屋顶结构的建筑物，建筑物的门窗在非必要时应关闭	—

　　D　《排污许可证申请与核发技术规范　有色金属工业——铝冶炼》（HJ 863.2—2017）的要求

　　推荐的有组织废气污染防治可行技术：电解铝生产过程产生的有组织排放颗粒物，采用袋式除尘器、电除尘器处理即可满足排放标准限值要求；电解烟气采用密闭罩集气、氧化铝吸附干法净化设施。

　　电解铝生产企业无组织排放节点及控制要求见表3-4。

表 3-4　无组织排放控制要求

工序	指标控制措施
运输	（1）冶炼厂内粉状物料运输应采取密闭措施。 （2）冶炼厂内大宗物料转移、输送应采取皮带通廊、封闭式皮带输送机或流态化输送等输送方式，皮带通廊应封闭。带式输送机的受料点、卸料点采取喷雾等抑尘措施；或设置密闭罩，并配备除尘设施。 （3）冶炼厂内运输道路应硬化，并采取洒水、喷雾、移动吸尘等措施。 （4）运输车辆驶离冶炼厂前应冲洗车轮，或采取其他控制措施

续表 3-4

工序	指标控制措施
冶炼	（1）原煤贮存于封闭式煤场，场内设喷水装置，在煤堆装卸时洒水降尘；不能封闭的应采用防风抑尘网。铝土矿堆场应设置防风抑尘网，防风抑尘网高度不低于堆存物料高度的 1.1 倍。石灰/石灰石等固态辅料应采用库房贮存。 （2）氧化铝生产原矿浆磨制工序应在封闭厂房内进行。石灰石煅烧炉（窑）、熟料烧成窑等炉窑的加料口、出料口，氢氧化铝焙烧炉出料口，固态原辅料破碎、筛分、石灰卸灰、氧化铝包装工段应设置集气罩，并配备密闭抽风收尘设施。受料产尘点采取洒水或喷雾等抑尘措施；或设置密闭罩，并配备除尘设施。赤泥堆场应采取边坡覆土种草绿化或洒水等抑尘措施。 （3）电解铝生产工序应在封闭厂房内进行。电解槽运行过程中应保持槽罩无破损、变形；应采用先进电解槽计算机自动控制技术，打壳等操作应实现自动化，无须开启槽罩板进行操作；出铝时应开启一扇槽罩，更换阳极时应开启两扇槽罩，捞碳渣、取样分析等应开启一扇槽罩，严格控制开槽操作时间；采用清扫车清洁电解车间地面及电解槽上部结构，应保持电解车间地面及电解槽上部结构清洁，不得采用压缩空气吹扫等易产生扬尘的清理措施。氧化铝和氟化盐贮运、电解质破碎等工段产尘处应设置集气罩，并配备密闭抽风收尘设施

E　《污染源源强核算技术指南　有色金属冶炼》（HJ 983—2018）的要求

颗粒物采用电除尘技术或袋式除尘技术；SO_2 采用石灰石-石膏法、双碱法，氟化物采用氧化铝吸附干法净化技术。

3.2.3.2　净化效率的要求

根据《铝电解废气氟化物和粉尘治理工程技术规范》（HJ 2033—2013），各废气除尘效率设计值应满足以下要求：铝电解废气为 98.5%，氧化铝及氟化盐输送系统、阳极组装车间、电解槽大修及抬包清理为 99.9%。

根据《铝电解厂通风除尘与烟气净化设计规范》（GB 51020—2014），电解系统收尘效率大于 99.8%。

根据《污染源源强核算技术指南　有色金属冶炼》（HJ 983—2018），电除尘技术除尘效率为 99%~99.8%；袋式除尘技术除尘效率为 99%~99.9%。

3.2.4　二氧化硫的产生及防治

3.2.4.1　脱硫工艺概述

早期，因电解烟气二氧化硫浓度低，烟气量大，无成熟稳定的电解铝烟气脱硫工艺，加之烟气中二氧化硫浓度不净化也能达标排放，相关的设计规范和要求中也无脱硫的具体要求。因此，2018 年以前建设的电解铝项目基本上无脱硫工艺。

随着环保管理要求的加严和脱硫技术的进步，部分电解铝企业逐步开始进行烟气脱硫试验或改造。2019 年 7 月 1 日，生态环境部印发了《工业炉窑大气污染综合治理方案》，该方案要求推进重点行业污染深度治理。重点区域内电解铝企业全面推进烟气脱硫设施建设。

脱硫工序主要设置于氧化铝干法脱氟工艺后，目前采取的脱硫方式有半干法工艺和湿法工艺。

3.2.4.2 半干法

常采用消石灰（主要成分为 $Ca(OH)_2$）作为脱硫剂。烟气从布袋除尘器出来后，进入反应器中，在反应器喉口处加入氢氧化钙粉末，与烟气和喷入的雾化水反应，并在吸收塔内形成流化床层。烟气通过流化床层后再进入脱硫用布袋除尘器，实现反应后的氢氧化钙颗粒（含硫酸钙、亚硫酸钙、氟化钙等）和烟气分离。净化后烟气经主排烟风机通过排气筒排入大气。

3.2.4.3 湿法工艺

A 典型工艺流程

现用于铝电解的烟气湿法脱硫工艺主要为石灰石-石膏法，其典型工艺流程如图 3-3 所示。

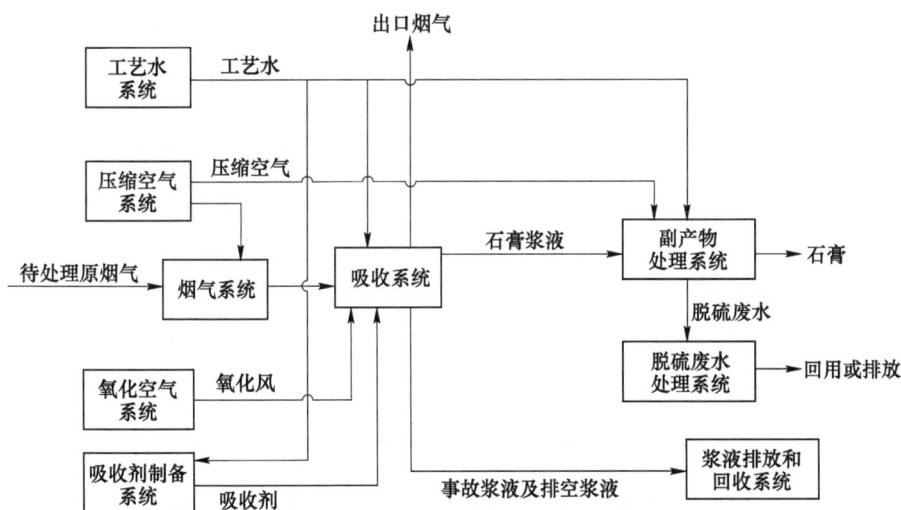

图 3-3 石灰石/石灰-石膏法净化工艺流程图

B 主要参数控制要求

根据《石灰石/石灰-石膏湿法烟气脱硫工程技术规范》（HJ 179—2018），主要参数控制要求如下：

（1）脱硫用石灰石中碳酸钙的含量不宜小于 90%，细度应不宜低于 58μm（250 目）90% 过筛率；

（2）吸收塔浆液的 pH 值宜控制在 5.2~5.8；

（3）吸收系统钙硫比不宜超过 1.03%；

（4）吸收塔除雾器除雾性能应能确保烟气中液滴全含量不大于 50mg/m³（干基折算）；

（5）脱硫废水宜纳入全厂废水统一规划管理，单独设置脱硫废水处理系统时一般采用中和、絮凝、沉淀、氧化、澄清等工艺去除废水中的悬浮物、COD 等污染物；

（6）脱硫吸收塔出口的低温饱和湿烟气通过排气筒排放应采取避免产生"石膏雨"的措施，如增加烟气换热器抬升排烟温度、净烟道上加装湿式除尘器、加装第三级除雾器、控制合适的浆液密度等。

3.2.4.4 脱硫效率

根据《污染源源强核算技术指南 有色金属冶炼》（HJ 983—2018），石灰石-石膏法脱硫效大于 95%；双碱法脱硫效率大于 95%。

3.2.5 大气污染物排放标准

根据《铝工业污染物排放标准》（GB 25465—2010）及其修改单，新建企业大气污染物排放标准见表 3-5，特别排放限值见表 3-6，企业边界大气污染物浓度限值见表 3-7。

表 3-5 铝工业大气污染物排放标准（新建企业）

生产系统及设备		限值/mg·m⁻³			污染物排放监控位置
		颗粒物	二氧化硫	氟化物（以 F 计）	
电解铝厂	电解槽烟气净化	20	200	3.0	车间或生产设施排气筒
	氧化铝、氟化盐贮运	30	—	—	
	电解质破碎	30	—	—	
	其他	50	400	—	

表 3-6 铝工业大气污染物特别排放限值

生产系统及设备		限值/mg·m⁻³			污染物排放监控位置
		颗粒物	二氧化硫	氟化物（以 F 计）	
电解铝厂	电解槽烟气净化	10	100	3.0	车间或生产设施排气筒
	氧化铝、氟化盐贮运		—	—	
	电解质破碎		—	—	
	其他		100	—	

表 3-7　企业边界大气污染物浓度限值

序号	污染物项目	限值/mg·m⁻³
1	二氧化硫	0.5
2	总悬浮颗粒物	1.0
3	氟化物	0.02

根据国家环境保护工作的要求，在国土开发密度较高、环境承载能力开始减弱，环境容量较小、生态环境脆弱，容易发生严重大气环境污染问题而需要采取特别保护措施的地区，应严格控制企业的污染物排放行为，在上述地区的企业执行大气污染物特别排放限值。执行大气污染物特别排放限值的地域范围、时间，由国务院环境保护行政主管部门或省级人民政府规定。

3.3　固体废物产生及处理处置要求

3.3.1　危险废物种类

3.3.1.1　电解槽大修渣

电解槽修理可分为就地槽大修和异地槽大修。电解槽修理及辅修车间可分为槽内衬修理、上部结构修理及有色焊接工段。电解槽就地大修周期不宜大于 35 天。25 万吨产能及以上或采用多个电解厂房平行配置的大型铝电解厂，可采用电解槽异地大修方式，异地槽大修周期宜在 5~8 天。槽大修车间应包括下列功能：

（1）备料区，负责筑炉内衬材料准备和阴极炭块组装。

（2）刨炉区，负责大修槽内衬清理。刨炉作业可分为刨炉机作业和人工刨炉，刨炉机进行热态内衬刨炉。

（3）筑炉区，负责修槽和内衬砌筑工作，其流水线作业可包括槽壳矫正与修复、内衬砌筑、阴极炭块组装、糊料捣鼓、新筑炉槽存放及检验等工位。

（4）多功能天车修理区，负责将备用的多功能天车采用龙门转运系统调运至电解车间，然后将需修理的多功能天车运回修理区进行修理。

（5）上部结构修理区，负责对电解槽上部结构进行维修。

电解槽大修时产生废炭块、废耐火材料、填充料沉积物等固体废物统称为电解槽大修渣，主要污染物是电解过程中由以上槽衬材料吸附的氟，对照《国家危险废物名录》（2021 年版），属代码为 321-023-48 的电解铝生产过程电解槽阴极内衬维修、更换产生的废渣（大修渣）。

根据《污染源源强核算技术指南　有色金属冶炼》（HJ 983—2018），大修渣产污系数为 0.02~0.06t/t。

3.3.1.2　炭渣

由于炭素阳极的不均匀燃烧导致的炭粒崩落、阴极炭素内衬在铝液和电解质熔液的侵蚀和冲刷下产生炭粒剥落及电解过程中发生二次反应（铝将阳极气体中的 CO_2、CO 还原成 C）生成的游离态固态碳、质量不合格等原因，电解槽生产过程会产生炭渣，需定期清理打捞[14-15]（见图 3-4）。捞炭渣主要含氧化铝、氟化盐及少量炭渣，对照《国家危险废物名录》（2021 年版），属电解铝生产过程产生的代码为 321-025-48 的炭渣。

根据《污染源源强核算技术指南 有色金属冶炼》（HJ 983—2018），炭渣产污系数为 0.005~0.015t/t。

图 3-4 捞炭渣照片

3.3.1.3 铝灰

电解铝铝液转移、精炼、合金化、铸造过程中熔体表面会产生铝灰渣，铝灰渣回收铝后剩余二次铝灰（见图 3-5），对照《国家危险废物名录》（2021 年

(a)　　　　　　　　　　　　　　(b)

图 3-5 铝灰渣（a）及二次铝灰（b）照片

版），铝灰渣及二次铝灰的危险废物代码为321-024-48，其中，铝灰渣产废系数为$0.01 \sim 0.015t/t$，二次铝灰产废系数为$0.005 \sim 0.01t/t^{[16]}$。

3.3.1.4 其他

厂内生产及公辅系统等各类机械设备在工作过程中产生废润滑油，为HW08类危险废物。

3.3.2 危险废物处理处置要求

3.3.2.1 《固体废物污染环境防治法》的要求

自2020年9月1日起施行的《中华人民共和国固体废物污染环境防治法》中，与危废处理处置的相关要求有第四条、第五条、第十三条、第十八条、第二十条、第二十二条，具体如下。

第四条 固体废物污染环境防治坚持减量化、资源化和无害化的原则。任何单位和个人都应当采取措施，减少固体废物的产生量，促进固体废物的综合利用，降低固体废物的危害性。

第五条 固体废物污染环境防治坚持污染担责的原则。产生、收集、贮存、运输、利用、处置固体废物的单位和个人，应当采取措施，防止或者减少固体废物对环境的污染，对所造成的环境污染依法承担责任。

第十三条 县级以上人民政府应当将固体废物污染环境防治工作纳入国民经济和社会发展规划、生态环境保护规划，并采取有效措施减少固体废物的产生量、促进固体废物的综合利用、降低固体废物的危害性，最大限度降低固体废物填埋量。

第十八条 建设项目的环境影响评价文件确定需要配套建设的固体废物污染环境防治设施，应当与主体工程同时设计、同时施工、同时投入使用。建设项目的初步设计，应当按照环境保护设计规范的要求，将固体废物污染环境防治内容纳入环境影响评价文件，落实防治固体废物污染环境和破坏生态的措施及固体废物污染环境防治设施投资概算。

第二十条 产生、收集、贮存、运输、利用、处置固体废物的单位和其他生产经营者，应当采取防扬散、防流失、防渗漏或者其他防止污染环境的措施，不得擅自倾倒、堆放、丢弃、遗撒固体废物。

第二十二条 转移固体废物出省、自治区、直辖市行政区域贮存、处置的，应当向固体废物移出地的省、自治区、直辖市人民政府生态环境主管部门提出申请。移出地的省、自治区、直辖市人民政府生态环境主管部门应当及时商经接受地的省、自治区、直辖市人民政府生态环境主管部门同意后，在规定期限内批准转移该固体废物出省、自治区、直辖市行政区域。未经批准的，不得转移。

转移固体废物出省、自治区、直辖市行政区域利用的，应当报固体废物移出地的省、自治区、直辖市人民政府生态环境主管部门备案。移出地的省、自治区、直辖市人民政府生态环境主管部门应当将备案信息通报接受地的省、自治区、直辖市人民政府生态环境主管部门。

3.3.2.2 《铝电解厂工艺设计规范》（GB 50850—2013）的要求

电解固体废渣应进行综合回收利用，包括回收氟盐、废阴极炭块、钢棒等，对不能利用的固体废渣，首先选择无害化处理，再设置专用渣场填埋。

3.3.2.3 《"十四五"原材料工业发展规划》的要求

加强有色金属行业重金属污染治理，无害化处理含砷冶炼渣、铝灰等危险废物。

3.3.2.4 危险废物贮存的相关要求

产生、收集、贮存、利用、处置危险废物的单位应建造危险废物贮存设施或设置贮存场所，并根据需要选择贮存设施类型。新建、改建、扩建的危险废物贮存设施选址、建设和运行的污染控制和环境管理，以及现有危险废物贮存设施运行过程的污染控制和环境管理应满足《危险废物贮存污染控制标准》（GB 18597—2023）的相关要求。贮存设施的选址及污染控制的总体要求如下：

贮存设施选址应满足生态环境保护法律法规、规划和"三线一单"生态环境分区管控的要求，建设项目应依法进行环境影响评价。集中贮存设施不应选在生态保护红线区域、永久基本农田和其他需要特别保护的区域内，不应建在溶洞区或易遭受洪水、滑坡、泥石流、潮汐等严重自然灾害影响的地区。贮存设施不应选在江河、湖泊、运河、渠道、水库及其最高水位线以下的滩地和岸坡，以及法律法规规定禁止贮存危险废物的其他地点。贮存设施场址的位置及其与周围环境敏感目标的距离应依据环境影响评价文件确定。

贮存设施应根据危险废物的形态、物理化学性质、包装形式和污染物迁移途径，采取必要的防风、防晒、防雨、防漏、防渗、防腐及其他环境污染防治措施，不应露天堆放危险废物。

贮存设施应根据危险废物的类别、数量、形态、物理化学性质和污染防治等要求设置必要的贮存分区，避免不相容的危险废物接触、混合。

贮存设施或贮存分区内地面、墙面裙脚、堵截泄漏的围堰、接触危险废物的隔板和墙体等应采用坚固的材料建造，表面无裂缝。

贮存设施地面与裙脚应采取表面防渗措施；表面防渗材料应与所接触的物料或污染物相容，可采用抗渗混凝土、高密度聚乙烯膜、钠基膨润土防水毯或其他防渗性能等效的材料。贮存的危险废物直接接触地面的，还应进行基础防渗，防渗层为至少 1m 厚的黏土层（渗透系数不大于 10^{-7}cm/s），或至少 2mm 厚的高密度聚乙烯膜等人工防渗材料（渗透系数不大于 10^{-10}cm/s），或其他防渗性能等效的材料。

同一贮存设施宜采用相同的防渗、防腐工艺（包括防渗、防腐结构或材料），防渗、防腐材料应覆盖所有可能与废物及其渗滤液、渗漏液等接触的构筑物表面；采用不同防渗、防腐工艺应分别建设贮存分区。

贮存设施应采取技术和管理措施防止无关人员进入。

3.3.2.5　危险废物填埋的相关要求

若项目须配套建设危险废物填埋设施，其选址、设计、施工、运行、封场及监测的环境保护要求，以及危险废物的入场条件须满足《危险废物填埋污染控制标准》（GB 18598—2019）相关要求。

危废填埋标准最初于 2001 年发布实施，2019 年进行了首次修订，规范了危险废物填埋场场址选择技术要求、严格了危险废物填埋的入场标准、收严了危险废物填埋场废水排放控制要求、完善了危险废物填埋场运行及监测技术要求，并提出了刚性填埋场的概念。

现行的危废填埋标准中应重点关注的内容如下。

A　填埋场的选址要求

（1）填埋场选址应符合环境保护法律法规及相关法定规划要求。

（2）埋场场址的位置及与周围人群的距离应依据环境影响评价结论确定。

（3）填埋场场址不应选在国务院和国务院有关主管部门及省、自治区、直辖市人民政府划定的生态保护红线区域、永久基本农田和其他需要特别保护的区域内。

（4）填埋场场址不得选在以下区域：破坏性地震及活动构造区，海啸及涌浪影响区；湿地；地应力高度集中，地面抬升或沉降速率快的地区；石灰溶洞发育带；废弃矿区、塌陷区；崩塌、岩堆、滑坡区；山洪、泥石流影响地区；活动沙丘区；尚未稳定的冲积扇、冲沟地区及其他可能危及填埋场安全的区域。

（5）填埋场选址的标高应位于重现期不小于百年一遇的洪水位之上，并在长远规划中的水库等人工蓄水设施淹没和保护区之外。

（6）填埋场场址地质条件应符合下列要求，刚性填埋场除外：场区的区域稳定性和岩土体稳定性良好，渗透性低，没有泉水出露；填埋场防渗结构底部应与地下水有记录以来的最高水位保持 3m 以上的距离。

（7）填埋场场址不应选在高压缩性淤泥、泥炭及软土区域，刚性填埋场选址除外。

（8）填埋场场址天然基础层的饱和渗透系数不应大于 $1.0×10^{-5}$ cm/s，且其厚度不应小于 2m，刚性填埋场除外。

（9）填埋场场址不能满足前三条要求时，必须按照刚性填埋场要求建设。

B　填埋场设计中应重点关注的要求

（1）填埋场应包括以下设施：接收与贮存设施、分析与鉴别系统、预处理设施、填埋处置设施（其中包括防渗系统、渗滤液收集和导排系统、填埋气体控制设施）、环境监测系统（其中包括人工合成材料衬层渗漏检测、地下水监测、稳定性监测和大气与地表水等的环境检测）、封场覆盖系统（填埋封场阶段）、应急设施及其他公用工程和配套设施。同时，应根据具体情况选择设置渗滤液和废水处理系统、地下水导排系统。

（2）填埋场处置不相容的废物应设置不同的填埋区，分区设计要有利于以后可能的废物回取操作。

（3）柔性填埋场应设置渗滤液收集和导排系统，包括渗滤液导排层、导排管道和集水井。渗滤液导排层的坡度不宜小于 2%。渗滤液导排系统的导排效果要保证人工衬层之上的渗滤液深度不大于 30cm，并应满足条件：渗滤液导排层采用石料时应采用卵石，初始渗透系数应不小于 0.1cm/s，碳酸钙含量应不大于5%；渗滤液导排层与填埋废物之间应设置反滤层，防止导排层淤堵；渗滤液导排管出口应设置端头井等反冲洗装置，定期冲洗管道，维持管道通畅；渗滤液收集与导排设施应分区设置。

（4）柔性填埋场应采用双人工复合衬层作为防渗层。双人工复合衬层中的人工合成材料采用高密度聚乙烯膜时应满足《垃圾填埋场用高密度聚乙烯土工膜》（CJ/T 234—2006）规定的技术指标要求，并且厚度不小于 2.0mm。双人工复合衬层中的黏土衬层应满足标准中相应的要求。

（5）柔性填埋场应设置两层人工复合衬层之间的渗漏检测层，包括双人工复合衬层之间的导排介质、集排水管道和集水井，并应分区设置。检测层渗透系数应大于 0.1cm/s。

（6）刚性填埋场设计应符合以下规定：刚性填埋场钢筋混凝土的设计应符合《混凝土结构设计规范》（GB 50010—2010，2015 年版）的相关规定，防水等级应符合《地下工程防水技术规范》（GB 50108—2008）一级防水标准；钢筋混凝土与废物接触的面上应覆有防渗、防腐材料；钢筋混凝土抗压强度不低于25N/mm²，厚度不小于 35cm；应设计成若干独立对称的填埋单元，每个填埋单元面积不得超过 50m² 且容积不得超过 250m³；填埋结构应设置雨棚，杜绝雨水进入；在人工目视条件下能观察到填埋单元的破损和渗漏情况，并能及时进行修补。

（7）填埋场应合理设置集排气系统。

C 填埋废物的入场要求

（1）下列废物不得填埋：医疗废物、与衬层具有不相容性反应的废物、液态废物。

（2）除第（1）条所列废物，满足下列条件或经预处理满足下列条件的废物，可进入柔性填埋场：根据《固体废物 浸出毒性浸出方法 硫酸硝酸法》（HJ/T 299—2007）制备的浸出液中有害成分浓度不超过表 3-8 中允许填埋控制限值的废物；根据《固体废物 腐蚀性测定 玻璃电极法》（GB/T 15555.12—1995）测得浸出液 pH 值为 7.0～12.0 的废物；含水率低于 60%的废物；水溶性盐总量小于 10%的废物；有机质含量小于 5%的废物；不再具有反应性、易燃性的废物。

表3-8 危险废物允许填埋的控制限值

序号	项目	稳定化控制限值 /mg · L⁻¹	检 测 方 法
1	烷基汞	不得检出	《水质 烷基汞的测定 气相色谱法》（GB/T 14204—1993）
2	汞 （以总汞计）	0.12	《固体废物 总汞的测定 冷原子吸收分光光度法》（GB/T 15555.1—1995）、《固体废物 汞、砷、硒、铋、锑的测定 微波消解/原子荧光法》（HJ 702—2014）
3	铅 （以总铅计）	1.2	《固体废物 金属元素的测定 电感耦合等离子体质谱法》（HJ 766—2015）、《固体废物 22种金属元素的测定 电感耦合等离子体发射光谱法》（HJ 781—2016）、《固体废物 铅、锌和镉的测定 火焰原子吸收分光光度法》（HJ 786—2016）、《固体废物 铅和镉的测定 石墨炉原子吸收分光光度法》（HJ 787—2016）
4	镉 （以总镉计）	0.6	
5	总铬	15	《固体废物 总铬的测定 二苯碳酰二肼分光光度法》（GB/T 15555.5—1995）、《固体废物 总铬的测定 火焰原子吸收分光光度法》（HJ 749—2015）、《固体废物 总铬的测定 石墨炉原子吸收分光光度法》（HJ 750—2015）
6	六价铬	6	《固体废物 六价铬的测定 二苯碳酰二肼分光光度法》（GB/T 15555.4—1995）、《固体废物 六价铬的测定 硫酸亚铁铵滴定法》（GB/T 15555.7—1995）、《固体废物 六价铬的测定 碱消解/火焰原子吸收分光光度法》（HJ 687—2014）
7	铜 （以总铜计）	120	《固体废物 镍和铜的测定 火焰原子吸收分光光度法》（HJ 751—2015）、《固体废物 铍、镍、铜和钼的测定 石墨炉原子吸收分光光度法》（HJ 752—2015）、《固体废物 金属元素的测定 电感耦合等离子体质谱法》（HJ 766—2015）、《固体废物 22种金属元素的测定 电感耦合等离子体发射光谱法》（HJ 781—2016）
8	锌 （以总锌计）	120	《固体废物 金属元素的测定 电感耦合等离子体质谱法》（HJ 766—2015）、《固体废物 22种金属元素的测定 电感耦合等离子体发射光谱法》（HJ 781—2016）、《固体废物 铅、锌和镉的测定 火焰原子吸收分光光度法》（HJ 786—2016）
9	铍 （以总铍计）	0.2	《固体废物 铍、镍、铜和钼的测定 石墨炉原子吸收分光光度法》（HJ 752—2015）、《固体废物 金属元素的测定 电感耦合等离子体质谱法》（HJ 766—2015）、《固体废物 22种金属元素的测定 电感耦合等离子体发射光谱法》（HJ 781—2016）

序号	项 目	稳定化控制限值 /mg·L^{-1}	检 测 方 法
10	钡 (以总钡计)	85	《固体废物 金属元素的测定 电感耦合等离子体质谱法》(HJ 766—2015)、《固体废物 钡的测定 石墨炉原子吸收分光光度法》(HJ 767—2015)、《固体废物 22 种金属元素的测定 电感耦合等离子体发射光谱法》(HJ 781—2016)
11	镍 (以总镍计)	2	《固体废物 镍的测定 丁二酮肟分光光度法》(GB/T 15555.10—1995)、《固体废物 镍和铜的测定 火焰原子吸收分光光度法》(HJ 751—2015)、《固体废物 铍、镍、铜和钼的测定 石墨炉原子吸收分光光度法》(HJ 752—2015)、《固体废物 金属元素的测定 电感耦合等离子体质谱法》(HJ 766—2015)、《固体废物 22 种金属元素的测定 电感耦合等离子体发射光谱法》(HJ 781—2016)
12	砷 (以总砷计)	1.2	《固体废物 砷的测定 二乙基二硫代氨基甲酸银分光光度法》(GB/T 15555.3—1995)、《固体废物 汞、砷、硒、铋、锑的测定 微波消解/原子荧光法》(HJ 702—2014)、《固体废物 金属元素的测定 电感耦合等离子体质谱法》(HJ 766—2015)
13	无机氟化物 (不包括氟化钙)	120	《固体废物 氟化物的测定 离子选择性电极法》(GB/T 15555.11—1995)、《固体废物 氟的测定碱熔-离子选择电极法》(HJ 999—2018)
14	氰化物 (以 CN 计)	6	暂时按照《危险废物鉴别标准 浸出毒性鉴别》(GB 5085.3—2007)附录 G 方法执行,待国家固体废物氰化物监测方法标准发布实施后,应采用国家监测方法标准

（3）除第（1）条所列废物，不具有反应性、易燃性或经预处理不再具有反应性、易燃性的废物，可进入刚性填埋场。

（4）砷含量大于 5% 的废物，应进入刚性填埋场处置。

D 填埋场污染物排放控制要求

（1）废水污染物排放控制要求。填埋场产生的渗滤液（调节池废水）等污水必须经过处理，符合标准规定的污染物排放控制要求后方可排放，禁止渗滤液回灌。

（2）填埋场有组织气体和无组织气体排放应满足《大气污染物综合排放标准》（GB 16297—1996）和《挥发性有机物无组织排放控制标准》（GB 37822—

2019）的规定。

（3）危险废物填埋场不应对地下水造成污染。地下水监测因子和地下水监测层位由企业根据填埋废物特性和填埋场所处区域水文地质条件提出，必须具有代表性且能表示废物特性的参数，并征得当地生态环境主管部门同意。常规测定项目包括：浑浊度、pH值、溶解性总固体、氯化物、硝酸盐（以N计）、亚硝酸盐（以N计）。填埋场地下水质量评价按照《地下水质量标准》（GB/T 14848—2017）执行。

此外，应注意，填埋场封场后，除绿化和场区开挖回取废物进行利用外，禁止在原场地进行开发用作其他用途。填埋场在封场后到达设计寿命期的期间内必须进行长期维护，包括：维护最终覆盖层的完整性和有效性；继续进行渗滤液的收集和处理；继续监测地下水水质的变化。

3.3.3 一般固体废物

3.3.3.1 种类

除上述危险废物外，电解铝生产过程中还会产生残阳极、磷生铁化铁炉炉渣、导杆清刷废铁片、烟气脱硫石膏或其他固废、废包装袋、袋式（电袋）除尘器产生的破旧布袋、污水处理站污泥等一般固体废物。

3.3.3.2 处置方案

残阳极一般返回厂内配套阳极生产工序，若厂内未设置阳极生产系统，则由阳极供应厂商回收；脱硫石膏可外售制砖、作为水泥添加剂或路基材料；收尘灰大部分返回系统，少部分不宜返回系统的宜外售。

3.3.3.3 贮存、处置要求

一般固体废物贮存或处置设施应符合《一般工业固体废物贮存和填埋污染控制标准》（GB 18599—2020），标准中应重点关注的要求如下。

A 贮存场和填埋场选址要求

一般工业固体废物贮存场、填埋场的选址应符合环境保护法律法规及相关法定规划要求。贮存场、填埋场的位置与周围居民区的距离应依据环境影响评价文件及审批意见确定；不得选在生态保护红线区域、永久基本农田集中区域和其他需要特别保护的区域内；应避开活动断层、溶洞区、天然滑坡或泥石流影响区及湿地等区域；不得选在江河、湖泊、运河、渠道、水库最高水位线以下的滩地和岸坡，以及国家和地方长远规划中的水库等人工蓄水设施的淹没区和保护区之内。

B 贮存场和填埋场技术要求

贮存场和填埋场一般应包括以下单元：防渗系统、渗滤液收集和导排系统；雨污分流系统；分析化验与环境监测系统；公用工程和配套设施；地下水导排系

统和废水处理系统（根据具体情况选择设置）。

根据建设、运行、封场等污染控制技术要求不同，贮存场、填埋场分为Ⅰ类场和Ⅱ类场。

a Ⅰ类场技术要求

当天然基础层饱和渗透系数不大于 1.0×10^{-5} cm/s，且厚度不小于 0.75m 时，可采用天然基础层作为防渗衬层。

当天然基础层不能满足前述防渗要求时，可采用改性压实黏土类衬层或具有同等以上隔水效力的其他材料防渗衬层，其防渗性能应至少相当于渗透系数为 1.0×10^{-5} cm/s 且厚度为 0.75m 的天然基础层。

b Ⅱ类场技术要求

Ⅱ类场应采用单人工复合衬层作为防渗衬层，并符合以下技术要求。

人工合成材料应采用高密度聚乙烯膜，厚度不小于 1.5mm，并满足《土工合成材料 聚乙烯土工膜》（GB/T 17643—2011）规定的技术指标要求。

采用其他人工合成材料的，其防渗性能至少相当于 1.5mm 高密度聚乙烯膜的防渗性能。黏土衬层厚度应不小于 0.75m，经压实、人工改性等措施处理后的饱和渗透系数不应大于 1.0×10^{-7} cm/s。使用其他黏土类防渗衬层材料时，应具有同等以上隔水效力。

Ⅱ类场基础层表面应与地下水年最高水位保持 1.5m 以上的距离。当场区基础层表面与地下水年最高水位距离不足 1.5m 时，应建设地下水导排系统。地下水导排系统应确保Ⅱ类场运行期地下水水位维持在基础层表面 1.5m 以下。

Ⅱ类场应设置渗漏监控系统，监控防渗衬层的完整性。渗漏监控系统的构成包括但不限于防渗衬层渗漏监测设备、地下水监测井。

3.3.4 大修渣、铝灰、炭渣处理处置及综合利用方式概述

因我国大修渣、铝灰、炭渣综合利用正处于起步发展阶段，主要采取安全填埋的处置方式，通过建设危险废物填埋场进行处置。近年来，也有一些综合利用项目投入运行，对大修渣、铝灰及炭渣进行处理后综合利用。

3.3.4.1 大修渣综合利用方式概述

大修渣中主要含碳，其余成分有氧化铝（Al_2O_3）、冰晶石（Na_3AlF_6）、氟化钠（NaF）、氟化铝（AlF_3）、碳化铝（Al_4C_3）、氮化铝（AlN）、亚铁氰化钠（$Na_4Fe(CN)_6$）等。大修渣中氟化物及氰化物含量很高，氟化物含量（质量分数）可达 36.7%[17]；浸出液中氟化物平均含量为 2000~6000mg/L、浸出液中氰化物平均含量为 10~20mg/L[18]。工信部于 2021 年 5 月 17 日发布了《铝电解废耐火材料资源化利用规范》（YS/T 1420—2021）。目前，大修渣的处理及综合利用方式主要分为湿法和火法两类，其中，湿法包括高温水解法、碱处理法、酸

浸法等；火法有回转窑法、水泥窑协同处置、与其他固体废物协同处置等方式[18-20]。

目前，已投产应用的工艺有三种。

A 湿法工艺一

a 工艺原理

除氰反应式如下：

$$4NaCN + 5Ca(ClO)_2 + 2H_2O = 4CO_2\uparrow + 2N_2\uparrow + 4NaCl + 3CaCl_2 + 2Ca(OH)_2$$

固氟反应式如下：

$$CaCl_2 + 2NaF = CaF_2\downarrow + 2NaCl$$

b 工艺流程

大修渣经破碎、球磨后，投加次氯酸钙等添加剂进行脱氰，处置过程中氰化物被添加剂氧化为二氧化碳和氮气；投加氯化钙等添加剂进行固氟，溶液中钙离子和氟离子生成不溶于水的氟化钙沉淀。脱氰固氟后得产品机制硅砂，经检测满足《建设用砂》（GB/T 14684）后外售作为水泥、免烧砖、水泥制品的生产原料外售建材公司，钠盐进入结晶蒸发工序。

B 湿法工艺二

a 工艺原理

废槽衬预浸出过程中 AlN 遇水发生水解反应，产生氨气：

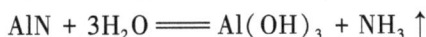

$$AlN + 3H_2O = Al(OH)_3 + NH_3\uparrow$$

为了回收氨气，用两级硫酸喷淋洗涤回收。

浸出使用碱性溶液，其余反应如下：

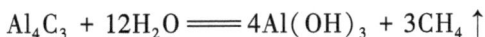

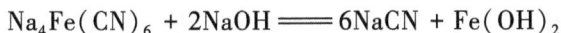

$$Al_4C_3 + 12H_2O = 4Al(OH)_3 + 3CH_4\uparrow$$

$$Al_2O_3 + 2NaOH = 2NaAlO_2 + H_2O$$

$$Na_4Fe(CN)_6 + 2NaOH = 6NaCN + Fe(OH)_2$$

NaF 部分水解，发生如下反应：

$$NaF + H_2O = NaOH + HF$$

浸出的溶液用双氧水（H_2O_2）进行氧化除氰，反应如下：

$$NaCN + H_2O_2 + H_2O = NaHCO_3 + N_2\uparrow$$

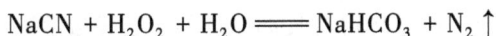

氧化除氰反应完成后，进行过滤，滤液中通入 CO_2 气体进行碳分-中和，反应如下：

$$NaAlO_2 + CO_2 + 2H_2O = Al(OH)_3 + NaHCO_3$$

b 工艺流程

大修渣分拣为炭素材料、耐火材料后进入处理流程，其中炭素材料含除氰工序、耐火材料不含除氰工序，其余处理工序一致。主要为：破碎至约 10mm（占 95%）→预浸出（解决废槽衬遇水时会产出大量氨气）→浸出（首次用 NaOH 配制的溶液进行浸出，之后预浸出和浸出工序用一洗液循环使用）→氧化除氰（加入双氧水）→碳分中和（经过滤使钠盐与 Al(OH)₃ 分离，析出的 Al(OH)₃ 可作为铝电解槽焙烧启动物料及打渣剂配料返回铝电解及铝合金生产使用，钠盐进入蒸发结晶工序，得到的钠盐（NaHCO₃、NaF 晶体）作为铝电解槽焙烧启动物料及打渣剂配料返回铝电解及铝合金生产使用）。

C 湿法工艺三

主要采用浮选工艺，与炭渣一并回收其中的碳，得到产品电解质及碳分。

a 工艺原理

据检测，废阴极炭块中含碳约 60%，炭渣中含碳约 40%。通过添加药剂（水玻璃、煤油等）进行浮选分离、除氰（加漂白粉等）、烘干、熔炼等工艺进行分离提取。

b 工艺流程

原料经分选、破碎、球磨、除铁后，进入浮选工序，加入浮选药剂，电解质下沉，炭粉上浮；底料进行二次除铁、离心、烘干、中频炉熔炼除碳、冷却后得到电解质，溢流料经沉降、离心后得到炭粉。

除上述已投产应用的工艺外，有大修渣加压浸出工艺在办理前期手续。

3.3.4.2 铝灰综合利用方式概述

铝灰主要含有铝、氧化铝、氮化铝、其他金属氧化物及无机盐等物质[21-22]，根据金属铝的含量，铝灰可分为一次铝灰、二次铝灰，一次铝灰是电解铝生产中产生的初级固体废物，Al 含量较高（15%~80%）。二次铝灰是一次铝灰通过工艺回收 Al 后剩余的黑灰色颗粒状固体残渣及部分铸造铝生产中产生的灰尘。一次铝灰中的铝回收一般在电解铝厂内完成，可采用炒灰回收法、压榨回收法、回转窑回收法、倾动回转炉处理法、等离子体速溶法、全自动铝灰处理技术、重选法、电选法、磨碎筛分法等工艺。目前，二次铝灰无害化处理也可分为湿法和火法，湿法包括酸浸法、碱浸法等，火法包括烧结水溶法、烧结碱溶法等[23]。

目前，已投产应用的工艺有三种。

A 工艺一

拜耳法氧化铝生产过程中，循环母液长期循环使用会导致溶液中有机物（主要是草酸钠）浓度较高，在氧化铝分解过程中产生大量泡沫占用分解槽容积，使分解的氢氧化铝粒度细化，影响氧化铝产量及质量。

为消除有机物对氧化铝产品质量的影响，同时回收铝灰中的铝，某电解铝厂研发了烧结法综合利用铝灰工艺，利用氧化铝生产中有机物在蒸发排盐过程中富集的特点，用循环母液与铝灰混合进行烧结，烧结过程中铝灰中铝元素与碱反应生成铝酸钠，烧结熟料经溶出生成铝酸钠溶液，再返回进入氧化铝拜耳法生产流程，此法属固体冷态金属铝回收工艺，可有效地回收铝灰中的铝，蒸发母液中的有机物在烧结的过程中转化成 CO_2 随烧结烟气排出。

a　工艺原理

活性溶出主要反应式如下：

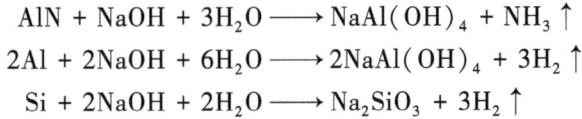

$$AlN + NaOH + 3H_2O \longrightarrow NaAl(OH)_4 + NH_3 \uparrow$$
$$2Al + 2NaOH + 6H_2O \longrightarrow 2NaAl(OH)_4 + 3H_2 \uparrow$$
$$Si + 2NaOH + 2H_2O \longrightarrow Na_2SiO_3 + 3H_2 \uparrow$$

熟料烧成及溶出原理：900℃ 以下的熟料烧结，熟料中还含有氧化铝物相；1000℃烧结时，氧化铝均转化为铝酸钠，随着烧结温度的升高，Al_2O_3、Na_2O 和 SiO_2 的浓度逐渐升高，溶出率升高。

b　工艺流程

活性溶出及生料浆制备：二次铝灰送调配槽与新水制浆后，送一段溶出罐与蒸发母液混合反应（少量多次添加，防止剧烈反应）。铝灰中大部分金属铝和 AlN 与碱液反应生成铝酸钠溶液，不与碱液发生反应的 α-Al_2O_3 等固体随铝酸钠溶液一起进入溶液槽。反应产生的 H_2 与 NH_3 送尾气处理系统，进行吸收及焚烧处理。

活性溶出浆液送带式过滤机过滤，滤液送拜耳法系统的粗液槽；滤饼添加蒸发母液、排盐苛化的碳酸盐结晶（$Na_2CO_3 \cdot H_2O$）制备生料浆后送回转窑进行熟料烧结，生料浆中配入一定量的石灰乳，用于烧结过程中与 F^- 反应生成 CaF_2。

熟料烧成及溶出：生料浆从回转窑窑尾喷入窑内，在 1000℃ 下进行熟料烧结，烧结好的熟料经冷却机冷却至 120℃ 后送球磨机，球磨机中添加拜耳法系统送来的一次洗液进行熟料溶出，溶出后的浆液与拜耳法系统溶出料浆合流。

B　工艺二

采用水浸出洗涤+碳分工艺，产品有铝矾土、打渣剂等。

a　工艺原理

搅拌浸出：铝灰中水溶性的 NaCl、NaF 和 NaOH、Na_2CO_3 等溶解到水溶液中，同时铝灰中的 AlN 和少量细颗粒金属铝与水或碱反应：

$$AlN + 6H_2O = Al(OH)_3 \downarrow + NH_3 \uparrow$$
$$2Al + 2NaOH + 2H_2O = 2NaAlO_2 + 3H_2 \uparrow$$

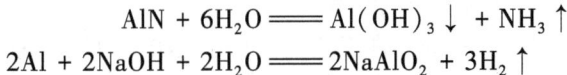

铝灰中的不溶物进入固相，分离后得到以氧化铝为主的浸出渣，可作为铝矾土使用。

浸出液处理：进行溶液碳分降低溶液的 pH 值，实现 $NaAlO_2$ 的水解，反应如下：

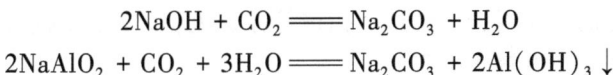

$$2NaOH + CO_2 = Na_2CO_3 + H_2O$$
$$2NaAlO_2 + CO_2 + 3H_2O = Na_2CO_3 + 2Al(OH)_3 \downarrow$$

b 工艺流程

铝灰经破碎、球磨、干式筛铝后，筛上的金属收集作为金属铝产品，筛下的细粉进入全密闭反应槽进行搅拌浸出（浸出液由氨淋洗水、一段浸出渣洗涤水和少量返回使用的浸出液组成），搅拌浸出产生的氨气经两次吸收、一次洗涤制得氨水，搅拌浸出完成后，产生的浸出料浆进行压滤使液固分离，得到铝灰浸出渣和浸出液；铝灰浸出渣两次洗涤（洗涤水循环利用）+压滤后得到产品铝矾土（主要为氧化铝），而搅拌浸出产生的浸出液进行碳分反应（通入二氧化碳，实现 $NaAlO_2$ 的水解）、压滤分离到氢氧化铝，产生的压滤液再经 MVR 浓缩结晶系统进行蒸发浓缩，浓缩结晶后获得打渣剂（NaCl、NaF 和 Na_2CO_3）。

C 工艺三

采用水浸出+高温熟化工艺，产品为高铝矾土。

a 工艺原理

铝灰在水溶液中发生的主要反应如下：

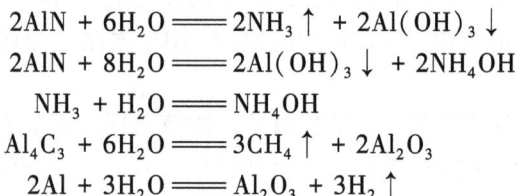

$$2AlN + 6H_2O \Longrightarrow 2NH_3 \uparrow + 2Al(OH)_3 \downarrow$$

$$2AlN + 8H_2O \Longrightarrow 2Al(OH)_3 \downarrow + 2NH_4OH$$

$$NH_3 + H_2O \Longrightarrow NH_4OH$$

$$Al_4C_3 + 6H_2O \Longrightarrow 3CH_4 \uparrow + 2Al_2O_3$$

$$2Al + 3H_2O \Longrightarrow Al_2O_3 + 3H_2 \uparrow$$

b 工艺流程

铝灰经破碎、球磨、筛分后，筛上为金属铝，筛下细粉与水同时加入反应槽反应，当料浆有气泡产生时，及时开启气体洗涤塔，混合气体中 NH_3 通过喷淋洗涤吸收后，其余气体送高温熟化窑作燃料。待无气体产生时，反应槽内矿浆送板框压滤机压滤，滤液返回反应槽，滤渣经清洗、压滤、成型后送高温熟化窑熟化（1000~1200℃），冷却、粉碎后得高铝矾土。

除上述已投产应用的工艺外，有净水剂生产项目正在办理前期手续。主要通过无害化处理后，将铝灰生产为聚合氯化铝，可作为净水剂。同样有铝灰、炭渣协同处置提取氟盐工艺在办理前期手续。

3.3.4.3 炭渣综合利用方式概述

目前，见于研究的炭渣的处理工艺主要有浮选法、坩埚熔炼法、回转窑焙烧法、低温循环焙烧法、真空冶炼法等[15,22,24]。目前，已投产运行的主要工艺如下。

A 浮选工艺

根据目前投产的项目情况，采用浮选工艺的较多，即利用电解质及炭粒密度的不同实现电解质及炭粒的分离。将炭渣进行磨料与分级，加入松节油、煤油、水玻璃等浮选药剂，经粗选、精选、扫选等浮选流程，并经脱水、烘干等工序，分别得到炭粒产品及电解质产品。

B 热熔法（火法）工艺

炭渣在1300℃左右熔炼，炭在熔炼炉中大部分参与燃烧反应，经铸模、冷却后可返回电解工序使用，剩余的炭浮渣须委托有资质的单位处置。

除上述已投产的项目外，目前有炭渣铝盐浸出生产工艺在办理前期手续，主要流程包括破碎、预浸出、铝盐浸出、煅烧、结晶、还原等工序。

3.4 废水污染控制要求

电解铝厂应实行"雨污分流"和"清污分流"制，全厂污废水应收集处理后尽量回用，确需外排的须满足《铝工业污染物排放标准》（GB 25465—2010）相关要求，并根据受纳水体水功能区划预留足够的安全余量要求后方可外排。

电解铝项目生产废水主要有循环系统排污水、软水站废水、脱硫废水、化验废水、初期雨水等。

循环水系统包括空压机和排气机冷却系统、铸锭循环水除油设施、整流机组冷却系统、阳极组装频炉冷却系统循环冷却水。其中，净循环水可采用软水，浊循环水经除油、沉淀后循环利用；净循环水也可采用新水，定期排污后送生产废水处理站处理满足《城市污水再生利用 工业用水水质》（GB/T 19923—2005）相应水质标准后，可用作铸造车间浊循环系统或烟气净化系统补充水回用于浊循环水系统，处理工序包括过滤、超滤、反渗透等，反渗透浓水送MVR蒸发结晶工序（结晶盐可送水泥厂处置）。

初期雨水：全厂须根据《有色金属工业环境保护设计技术规范》（GB 50988—2014），收集受污染场地10mm的雨水量作为初期雨水，并宜在5日内送生产废水处理站处理后回用。

脱硫废水：湿法脱硫工艺会产生脱硫废水，脱硫用水须定期开路处理后再返回脱硫系统。

软水站根据其不同工艺废水水质不尽相同，其中，采用离子交换工艺会产生酸碱废水，应先中和后再进入生产废水处理站。

生活污水收集处理满足《城市污水再生利用 工业用水水质》（GB/T 19923—2005）、《城市污水再生利用 城市杂用水水质》（GB/T 18920—2020）相应水质标准后，可用于旱季绿化道路清扫用水、烟气净化用水、铸造浊循环补充水等工序。

事故水池：全厂应设置足够容积的事故水池，事故水池日常需保持控制，按规范考虑消防废水收集量。

3.5　噪声污染控制要求

3.5.1　总体要求

电解铝厂噪声源有各类风机、空压机、排烟机、各类破碎机、振动筛、冷却塔等，通常采取减振、消声、隔声等措施进行降噪，根据《污染源源强核算技术指南　有色金属冶炼》（HJ 983—2018），降噪效果为 10~35dB(A)。

因电解铝厂须布局于相应产业园区内，厂界噪声应满足《工业企业厂界环境噪声排放标准》（GB 12348—2008）3 类标准要求，即昼间 65dB(A)、夜间 55dB(A)。

3.5.2　降噪设计要求

根据《铝电解厂通风除尘与烟气净化设计规范》（GB 51020—2014），对消声与隔振的基本要求如下。

消声与隔振设计计算应根据车间总体噪声和振动要求、噪声和振动的大小、频率特性及其传播方式确定。

当自然衰减不能达到允许噪声标准时，应设置消声设备或采取其他消声措施。消声量应通过计算确定。

消声处理后的风管不宜穿过高噪声的房间；噪声高的风管，不宜穿过声环境要求高的房间，当必须穿过时，应进行隔声处理。

配置在室外的设备，当其噪声达不到环境噪声标准要求时，应采取降噪措施。

通风与除尘系统布置应符合《工业企业噪声控制设计规范》（GB/T 50087—2013）的有关规定，并应符合下列要求：通风机等设备产生的振动，当自然衰减不能达标时，应设置隔振器或采取其他隔振措施；通风机在楼板上安装时，宜采用整体减振安装方式；振动设备的进、出口管道，宜采用软管连接；受设备振动影响的管道，应采用弹性支吊架；通风管道的内风速宜按表3-9选用。

表 3-9　通风管道内的风速

室内允许噪声级/dB	主管风速/m·s⁻¹	支管风速/m·s⁻¹
25~35	3~4	≤2
35~50	4~7	2~3
50~65	6~9	3~5
65~85	8~12	5~8

3.6　地下水污染防控要求

3.6.1　基本要求

地下水污染防控应符合《中华人民共和国水污染防治法》和《中华人民共和国环境影响评价法》的相关规定，按照"源头控制、分区防控、污染监控、应急响应"，重点突出饮用水水质安全的原则确定。

地下水环境环保对策措施建议应根据建设项目特点、调查评价区和场地环境水文地质条件，在建设项目可行性研究提出的污染防控对策的基础上，根据环境影响预测与评价结果，提出需要增加或完善的地下水环境保护措施和对策。

3.6.2　防控对策

3.6.2.1　源头防控

源头防控主要包括提出各类废物循环利用的具体方案，减少污染物的排放量；提出工艺、管道、设备、污水贮存及处理构筑物应采取的污染控制措施，将污染物的跑、冒、滴、漏降到最低限度。

3.6.2.2　分区防渗

一般情况下，应以水平防渗为主，并满足以下要求。

（1）已颁布污染控制国家标准或防渗技术规范的行业，水平防渗技术要求按照相应标准或规范执行，如《生活垃圾填埋场污染控制标准》（GB 16889—2008）、《危险废物贮存污染控制标准》（GB 18597—2023）、《危险废物填埋污染控制标准》（GB 18598—2019）、《一般工业固体废物贮存、处置场污染控制标准》（GB 18599—2020）、《石油化工工程防渗技术规范》（GB/T 50934—2013）等，见表3-10。

表3-10　地下水污染防渗分区参照表

防渗分区	天然包气带防污性能	污染控制难易程度	污染物类型	防渗技术要求
重点防渗区	弱	易—难	重金属、持久性有机污染物	等效黏土防渗层 $Mb \geq 6.0m$，$K \leq 1.0 \times 10^{-7}$ cm/s；或参照 GB 18598—2023 执行
	中—强	难		
一般防渗区	中—强	易	重金属、持久性有机污染物	等效黏土防渗层 $Mb \geq 1.5m$，$K \leq 1.0 \times 10^{-7}$ cm/s；或参照 GB 16889—2008 执行
	弱	易—难	其他类型	
	中—强	难		
简单防渗区	中—强	易	其他类型	一般地面硬化

（2）未颁布相关标准的行业，根据预测结果和场地包气带特征及其防污性能，提出防渗技术要求；或根据建设项目场地天然包气带防污性能、污染控制难易程度和污染物特性提出防渗技术要求。

对难以采取水平防渗的场地，可采用垂向防渗为主，局部水平防渗为辅的防控措施。

3.7 跟踪监测要求

3.7.1 电解铝厂跟踪监测要求

3.7.1.1 废气排放监测
电解铝厂有组织废气排放监测点位、指标及最低监测频次见表3-11。

表 3-11 电解铝厂有组织废气排放监测点位、指标及最低监测频次

原料制备及输送系统排气筒	颗粒物	半年
电解质破碎系统排气筒	颗粒物	半年
阳极组装及残极处理系统排气筒	颗粒物	半年
电解槽排气筒	二氧化硫、颗粒物	自动监测
	氟化物	月
铸造系统排气筒	颗粒物	半年

3.7.1.2 无组织废气排放监测点位、指标与频次
厂界监测二氧化硫、颗粒物、氟化物，最低监测频次为季度。

3.7.1.3 厂界环境噪声监测
厂界环境噪声监测点位设置应遵循《排污单位自行监测技术指南 总则》（HJ 819—2017）的原则，主要考虑噪声源在厂区内的分布情况和周边环境敏感点的位置。厂界环境噪声每季度至少开展一次昼间噪声监测，夜间生产的排污单位须监测夜间噪声。周边有敏感点的，应提高监测频次。

3.7.1.4 周边环境质量监测
环境影响评价文件及其批复（仅限 2015 年 1 月 1 日（含）后取得的环境影响评价批复）、相关环境管理政策有明确要求的，按要求执行。

无明确要求的，若排污单位认为有必要的，可对周边水、土壤、环境空气质量开展监测。可参照《环境影响评价技术导则 大气环境》（HJ 2.2—2018）、《环境空气质量监测点位布设技术规范（试行）》（HJ 664—2013）、《环境空气质

量手工监测技术规范》（HJ 194—2017）、《环境影响评价技术导则　地下水环境》（HJ 610—2016）、《地下水环境监测技术规范》（HJ 164—2020）、《土壤环境监测技术规范》（HJ/T 166—2004）等标准中有关规定设置周边环境空气、地下水、土壤影响监测点位，对于废水直接排入地表水的排污单位，可参照《环境影响评价技术导则　地表水环境》（HJ 2.3—2018）、《地表水环境质量监测技术规范》（HJ 91.2—2022）等标准中相关规定设置周边地表水环境影响监测点位，电解铝周边环境质量影响监测指标及最低监测频次见表 3-12。

表 3-12　电解铝周边环境质量影响监测指标及最低监测频次

目标环境	监测指标	监测频次
环境空气[①]	二氧化硫、TSP、PM_{10}、$PM_{2.5}$、氟化物	半年
地表水	pH 值、化学需氧量、氨氮、总磷、总氮、氟化物、总铜、总锌、总砷、总汞、总镉、六价铬、总铅、总镍、总钴、总锑等	季度
地下水	pH 值、高锰酸盐指数、氯化物、氟化物、氰化物、总铅、总砷、总汞、总镉、六价铬、总镍、总钴等	年
土壤	pH 值、总镉、总汞、总砷、总铅、总铬、总铜、总镍、总锌、氟化物等	年

注：排污单位应根据原辅料使用等实际生产情况，确定具体的监测指标。
①每次连测 3 天。

3.7.2　危险废物填埋场跟踪监测要求

3.7.2.1　污染物监测的一般要求

（1）企业安装污染物排放自动监控设备的要求，按有关法律和《污染源自动监控管理办法》的规定执行。

（2）企业应按照环境监测管理规定和技术规范的要求，设计、建设、维护永久性采样口、采样测试平台和排污口标志。

3.7.2.2　柔性填埋场渗漏检测层监测

（1）渗漏检测层集水池可通过自流或设置排水泵将渗出液排出，排水泵的运行水位需保证集水池不会因为水位过高而回流至检测层。

（2）运行期间，企业应对渗漏检测层每天产生的液体进行收集和计量，监测通过主防渗层的渗滤液渗漏速率，频率至少为一星期一次。

（3）封场后，应继续对渗漏检测层每天产生的液体进行收集和计量，监测通过主防渗层的渗滤液渗漏速率，频率至少为一月一次；发现渗漏检测层集水池水位高于排水泵的运行水位时，监测频率需提高至一星期一次；当到达设计寿命期后，监测频率需提高至一星期一次。

（4）当监测到的渗滤液渗漏速率大于可接受渗漏速率限值时，企业应当按照启动应急预案的相关要求执行。

（5）分区设置的填埋场，应分别监测各分区的渗滤液渗漏速率，并与各分区的可接受渗漏速率进行比较。

3.7.2.3 防渗层有效性评估

柔性填埋场运行期间，应定期对防渗层的有效性进行评估。

3.7.2.4 稳定性监测

根据填埋运行的情况，企业应对柔性填埋场稳定性进行监测，监测方法和频率按照《生活垃圾卫生填埋场岩土工程技术规范》（CJJ 176—2012）要求执行。

3.7.2.5 渗滤液水位

企业应对柔性填埋场内的渗滤液水位进行长期监测，监测频率至少为每月一次。对渗滤液导排管道要进行定期检测和清淤，频率至少为每半年一次。

3.7.2.6 水污染物监测要求

（1）采样点的设置与采样方法，按《污水监测技术规范》（HJ 91.1—2019）的规定执行。

（2）企业对排放废水污染物进行监测的频次，应根据填埋废物特性、覆盖层和降水等条件加以确定，至少每月一次。

3.7.2.7 地下水监测

填埋场投入使用之前，企业应监测地下水本底水平。

地下水监测井的布置要求如下：

（1）在填埋场上游应设置 1 个监测井，在填埋场两侧各布置不少于 1 个的监测井，在填埋场下游至少设置 3 个监测井。

（2）设置有地下水收集导排系统的，应在填埋场地下水主管出口处至少设置取样井一眼，用以监测地下水收集导排系统的水质。

（3）监测井应设置在地下水上、下游相同水力坡度上。

（4）监测井深度应足以采取具有代表性的样品。

地下水监测频率：填埋场运行期间，企业自行监测频率为每个月至少一次，如周边有环境敏感区应加大监测频次；封场后，应继续监测地下水，频率至少为一季度一次；如监测结果出现异常，应及时进行重新监测，并根据实际情况增加监测项目，间隔时间不得超过 3 天。

3.7.2.8 大气监测

采样点布设、采样及监测方法按《大气污染物综合排放标准》（GB 16297—1996）的规定执行，污染源下风方向应为主要监测范围。

填埋场运行期间，企业自行监测频率为每个季度至少一次。如监测结果出现异常，应及时进行重新监测，间隔时间不得超过一星期。

3.8 选 址 要 求

3.8.1 《有色金属工业环境保护工程设计规范》（GB 50988—2014）的要求

项目与敏感点之间的防护距离应符合行业准入条件、安全防护规定及环境影响评价的要求。

厂址的自然条件应有利于气体扩散，厂址应在居住区常年最小风向频率的上风侧，并满足防护距离要求。

选址应在取得相应的水文地质及工程地质资料后进行，选址的工程地质和水文地质条件应符合国家有关环保要求。

总平面布置应将生活区、行政办公区与生产区分开。在满足工艺和卫生防护要求的前提下，污染较重的车间和设施应集中布置，并设在厂区常年主导风向的下风向。

厂区平基和道路、铁路专用线工程，应有利于废水收集；宜减少挖、填方工程量和控制土方平衡；应保护和利用表土。取土和弃土场应采取水土保持措施，并应绿化和复垦。

3.8.2 《有色金属工业岩土勘察规范》（GB 51099—2015）的要求

选择厂址时，应避开下列场地或地段：
（1）不良地质作用强烈发育且对场地稳定性有严重影响；
（2）洪水或水流岸边冲蚀对场地有严重威胁；
（3）建筑抗震危险地段。

3.8.3 《铝行业规范条件（2020年）》的要求

电解铝项目必须符合国家产业政策和铝工业发展总体规划、土地利用总体规划、城镇规划、主体功能区规划，要根据资源、能源、环境条件，合理布局建设铝冶炼企业。现有生产要素缺乏竞争力地区的电解铝企业要逐步转移退出，在规划引导和总量控制下，有序向竞争力强的地区转移，严格控制新增产能，防止盲目投资加剧产能过剩矛盾。

应根据环境影响评价结论确定厂址位置及其与周围人群和敏感区域的距离。

3.8.4 《地下水管理条例》的要求

在泉域保护范围及岩溶强发育、存在较多落水洞和岩溶漏斗的区域内，不得新建、改建、扩建可能造成地下水污染的建设项目。

3.9 阳 极 效 应

根据第 2 章可知，电解过程采用炭素材料作阳极，随着阳极的消耗，会不断析出 CO_2，据初步估算，在使用绿电、不考虑电力排放系数的情况下，电解过程中每生产 1t 电解铝 CO_2 排放量约 1.5t。发生阳极效应时，会释放出温室效应更大的全氟化碳 CF_4、C_2F_6，加剧其环境影响。

3.9.1 阳极效应的定义

阳极效应为阳极副反应的主要表现形式，为熔盐电解的独有特征之一。

工业槽中，由于阳极表面 Al_2O_3 浓度降低等原因，无法维持正常的电解，产生的阳极和电解质之间电流的传输受到抑制而产生阻塞的现象。

阳极效应始于电解槽中氧化铝浓度低于平均水平的某个地方，并从该处蔓延到其他区域。发生阳极效应的 Al_2O_3 当量浓度为 0.5%～2.2%，在 1%～2% 的范围内发生最频繁[4]。

3.9.2 阳极效应的特征

3.9.2.1 电压的变化

正常工况下，槽电压在 4V 左右，发生阳极效应时，电压会急剧上升到 8～35V，在此情况下，与电解槽并联的灯泡明亮，发出效应信号，俗称"亮灯"。

3.9.2.2 阳极及周边的变化

（1）阳极周围有明亮的火花，并发出"噼啪"的响声。

（2）正常工况下，充足的氧化铝含量能对阳极起到较好的湿润作用，阳极气体易被析出，使反应不断；但因氧化铝含量降低，电解质对阳极的湿润性变差，不能将反应产生的阳极气体排挤出，反而阳极气体能排挤电解质，最终在阳极底掌形成一层气膜（主要为 CF_4、C_2F 两种全氟化碳），阻碍电流通过，发生阳极效应，反应停止，如图 3-6 所示。

3.9.2.3 电解质的变化

电解质不再沸腾，且阳极周围的电解质像被排挤要离开阳极表面。

图 3-6 阳极效应照片

3.9.3 发生次数及持续时间

3.9.3.1 发生次数

受电解槽槽型、管理水平等的影响,不同电解铝厂发生阳极效应的次数不同。对于自焙槽,阳极效应系数至少为 1.0 次/(槽·日);对于预焙槽,理论上可避免所有阳极效应发生,现代电解槽的阳极效应系数为 0.1 次/(槽·日),最佳的可达到 0.03 次/(槽·日)[5]。根据《铝电解厂工艺设计规范》(GB 50850—2013),阳极效应系数应不大于 0.08 次/(槽·日)。重庆天泰铝业有限公司的阳极效应在 2013 年控制水平约为 0.05 次/(槽·日)[7]。当前,一般都能达到 0.03

次／（槽·日），先进水平可小于 0.01 次／（槽·日），但难以做到无效应^[25]。

3.9.3.2 持续时间

手动控制的电解槽阳极效应可持续几分钟，自动控制的可控制在 40~80s^[5]。

3.9.4 熄灭措施

槽内阳极效应采用自动熄灭措施，即在短时间内降低阳极，直至电解槽发生短路后，再上升阳极。

4 铝电解碳排放及清洁生产

4.1 铝电解碳排放

现行铝电解碳排放的温室气体核算方法为国家发改委 2013 年发布的《中国电解铝生产企业温室气体排放核算方法与报告指南（试行）》（以下简称《指南》）。

4.1.1 主要内容

《指南》中的温室气体指《京都议定书》所规定的六种温室气体，分别为二氧化碳（CO_2）、甲烷（CH_4）、氧化亚氮（N_2O）、氢氟碳化物（HFCs）、全氟化碳（PFCs，是 CF_4 和 C_2F_6 等的统称）和六氟化硫（SF_6），电解铝企业核算的温室气体为二氧化碳和全氟化碳。排放源包括燃料燃烧排放、能源作为原材料用途的排放、工业生产过程排放、净购入的电力和热力消费引起的排放。

该《指南》参考了《省级温室气体清单指南（试行）》《中国能源统计年鉴》及中国有色金属工业协会的统计数据等，提供了主要燃料热值、含碳量、氧化率等参数的推荐值，供相关企业核算活动水平和排放因子时使用。具备条件的企业可以采用《指南》中所提供的标准方法，实测吨铝炭阳极净耗、炭阳极平均含硫量、炭阳极平均灰分含量、平均每天每槽阳极效应持续时间等数据。

4.1.2 核算方法

电解铝企业的温室气体排放总量等于企业边界内所有生产系统的化石燃料燃烧排放量、能源作为原材料用途的排放量、工业生产过程排放量及企业净购入的电力和热力消费的排放量之和，计算如下：

$$E = E_{燃烧} + E_{原材料} + E_{过程} + E_{电和热} \tag{4-1}$$

式中　E——企业温室气体排放总量，以二氧化碳当量计，t；

$E_{燃烧}$——企业的燃料燃烧排放量，以二氧化碳当量计，t；

$E_{原材料}$——能源作为原材料用途的排放量，以二氧化碳当量计，t；

$E_{过程}$——工业生产过程排放量，以二氧化碳当量计，t；

$E_{电和热}$——企业净购入的电力和热力消费的排放量，以二氧化碳量计，t。

电解铝企业所涉及的能源作为原材料用途的排放主要是炭阳极消耗导致的二氧化碳排放，炭阳极（能源产品）是电解铝生产的还原剂。电解铝企业涉及的工业生产过程排放主要是阳极效应导致的全氟化碳排放。企业净购入的电力、热力（蒸汽、热水）消费对应的是电力或热力生产环节产生的二氧化碳排放。煤炭、燃气、燃料燃烧排放指柴油等燃料在各种类型的固定或移动燃烧设备（如锅炉、煅烧炉、窑炉、熔炉、内燃机等）中与氧气充分燃烧产生的二氧化碳排放。

4.1.2.1 燃料燃烧排放

燃料燃烧导致的二氧化碳排放量是企业核算和报告年度内各种燃料燃烧产生的二氧化碳排放量的总和，计算如下：

$$E_{燃烧} = \sum_{i=1}^{n} AD_i \times EF_i \tag{4-2}$$

式中 $E_{燃烧}$——核算和报告年度内化石燃料燃烧产生的 CO_2 排放量，t；

AD_i——核算和报告年度内第 i 种化石燃料的活动水平，GJ；

EF_i——第 i 种化石燃料的二氧化碳排放因子，t/GJ；

i——化石燃料类型代号。

燃料燃烧的活动水平是核算和报告年度内各种燃料的消耗量与平均低位发热量的乘积，计算如下：

$$AD_i = NCV_i \times FC_i \tag{4-3}$$

式中 AD_i——核算和报告年度内第 i 种化石燃料的活动水平，GJ；

NCV_i——核算和报告年度内第 i 种燃料的平均低位发热量，采用指南附录提供的推荐值，对固体或液体燃料，单位为 GJ/t，对气体燃料，单位为 GJ/万米^3；

FC_i——核算和报告年度内第 i 种燃料的净消耗量，采用企业计量数据，相关计量器具应符合《用能单位能源计量器具配备和管理通则》（GB 17167—2006）要求，对固体或液体燃料，单位为 t，对气体燃料，单位为万米^3。

燃料燃烧的二氧化碳排放因子计算如下：

$$EF_i = CC_i \times OF_i \times 44/12 \tag{4-4}$$

式中 EF_i——第 i 种燃料的二氧化碳排放因子，t/TJ；

CC_i——第 i 种燃料的单位热值含碳量，t/GJ；

OF_i——第 i 种化石燃料的碳氧化率，%。

4.1.2.2 能源作为原材料用途的排放

能源作为原材料用途（炭阳极消耗）的二氧化碳排放量计算如下：

$$E_{原材料} = EF_{炭阳极} \times P \tag{4-5}$$

式中　$E_{原材料}$——核算和报告年度内炭阳极消耗导致的二氧化碳排放量，t;

　　　$EF_{炭阳极}$——炭阳极消耗的二氧化碳排放因子，t/t;

　　　　P——活动水平，即核算和报告年度内的原铝产量，t。

所需的活动水平是核算和报告年度内的原铝产量，采用企业计量数据，单位为 t。

炭阳极消耗的二氧化碳排放因子计算如下：

$$EF_{炭阳极} = NC_{炭阳极} \times (1 - S_{炭阳极} - A_{炭阳极}) \times 44/12 \qquad (4\text{-}6)$$

式中　$EF_{炭阳极}$——炭阳极消耗的二氧化碳排放因子，t/t;

　　　$NC_{炭阳极}$——核算和报告年度内的吨铝炭阳极净耗，t，可采用中国有色金属工业协会的推荐值吨铝 0.42tC，具备条件的企业可以按月称重检测，取年度平均值;

　　　$S_{炭阳极}$——核算和报告年度内的炭阳极平均含硫量，%，可采用中国有色金属工业协会的推荐值 2%，具备条件的企业可以按照《铝用炭素材料检测方法　第 20 部分：硫分的测定》（YS/T 63.20—2006），对每个批次的炭阳极进行抽样检测，取年度平均值;

　　　$A_{炭阳极}$——核算和报告年度内的炭阳极平均灰分含量，%，可采用中国有色金属工业协会的推荐值 0.4%，具备条件的企业可以按照《铝用炭素材料检测方法　第 19 部分：灰分含量的测定》（YS/T 63.19—2006），对每个批次的炭阳极进行抽样检测，取年度平均值。

4.1.2.3　工业生产过程排放

电解铝企业工业生产过程排放量是其阳极效应排放量与煅烧石灰石排放量之和，计算如下：

$$E_{过程} = E_{PFCs} + E_{石灰} \qquad (4\text{-}7)$$

式中　$E_{过程}$——核算和报告年度内的工业生产过程排放量，以二氧化碳当量计，t;

　　　E_{PFCs}——核算和报告年度内的阳极效应全氟化碳排放量，以二氧化碳当量计，t;

　　　$E_{石灰}$——核算和报告年度内的煅烧石灰石排放量，以二氧化碳当量计，t。

电解铝企业在发生阳极效应时，会排放四氟化碳（CF_4，PFC-14）和六氟化二碳（C_2F_6，PFC-116）两种全氟化碳（PFCs）。阳极效应温室气体排放量的计算如下：

$$E_{PFCs} = (6500 \times EF_{CF_4} + 9200 \times EF_{C_2F_6}) \times P/1000 \qquad (4\text{-}8)$$

式中　E_{PFCs}——核算和报告年度内的阳极效应全氟化碳排放量，以二氧化碳当量计，t;

　　　　　6500——CF_4 的 GWP 值；

　　　　EF_{CF_4}——阳极效应的 CF_4 排放因子，按吨铝排放计算，kg；

　　　　　9200——C_2F_6 的 GWP 值；

　　　　$EF_{C_2F_6}$——阳极效应的 C_2F_6 排放因子，按吨铝排放计算，kg；

　　　　　　P——阳极效应的活动水平，即核算和报告年度内的原铝产量，t。

　　活动水平数据获取所需的活动水平是核算和报告年度内的原铝产量，企业计量数据，单位为 t。

　　阳极效应的排放因子与电解槽的技术类型密切相关。目前我国电解铝生产主要采用点式下料预焙槽技术（PFPB），属于国际先进技术，中国有色金属工业协会推荐的排放因子数值为吨铝 0.034kg CF_4 和 0.0034kg C_2F_6。具备条件的企业可采用国际通用的斜率法经验公式，按照式（4-9）和式（4-10）测算阳极效应排放因子。

$$EF_{CF_4} = 0.143 \times AEM \tag{4-9}$$

$$EF_{C_2F_6} = 0.1 \times EF_{CF_4} \tag{4-10}$$

式中　EF_{CF_4}——阳极效应的 CF_4 排放因子，按吨铝排放计算，kg；

　　　$EF_{C_2F_6}$——阳极效应的 C_2F_6 排放因子，按吨铝排放计算，kg；

　　　　AEM——平均每天每槽阳极效应持续时间，企业自动化生产控制系统的实时监测数据，min。

　　煅烧石灰石按式（4-11）计算石灰石煅烧分解过程的二氧化碳排放量：

$$E_{石灰} = L \times EF_{石灰} \tag{4-11}$$

式中　$E_{石灰}$——石灰石煅烧分解所导致的二氧化碳排放量，t；

　　　　　L——核算和报告年度内的石灰石原料消耗量，t；

　　　$EF_{石灰}$——煅烧石灰石的二氧化碳排放因子，按吨石灰石排放计算，t。

　　所需的活动水平是核算和报告年度内的石灰石原料消耗量，企业计量数据，单位为 t。

　　排放因子采用有色金属工业协会推荐值，吨石灰石 0.405t 二氧化碳。

4.1.2.4　净购入的电力、热力消费的排放

　　企业净购入的电力、热力消费所对应的电力或热力生产环节二氧化碳排放量计算如下：

$$E_{电和热} = AD_{电力} \times EF_{电力} \times AD_{热力} \times EF_{热力} \tag{4-12}$$

式中　$E_{电和热}$——净购入的电力、热力消费对应的电力或热力生产环节二氧化碳排放量，t；

　　　$AD_{电力}$——核算和报告年度内的净外购电量，MW·h；

　　　$AD_{热力}$——核算和报告年度内的净外购热量，GJ；

　　　$EF_{电力}$——电力消费的排放因子，t/MW·h；

$EF_{热力}$——热力消费的排放因子，以二氧化碳计，t/GJ。

所需的活动水平是核算和报告年度内企业测量和计算的净外购电量和净外购热量，根据电力（或热力）供应商、报告主体存档的购售结算凭证及企业能源平衡表，计算如下：

$$净购入的电量(热量) = 购入量 - 外销量 \tag{4-13}$$

电力消费的排放因子应根据企业生产地及目前的东北、华北、华东、华中、西北、南方电网划分，选用国家主管部门最近年份公布的相应区域电网排放因子。热力消费的排放因子暂按 0.11t/GJ 计，未来应根据主管部门发布的官方数据进行更新。

4.2 铝电解清洁生产

4.2.1 概述

清洁生产是指不断采取改进设计、使用清洁的能源和原料、采用先进的工艺技术与设备、改善管理、综合利用等措施，从源头削减污染，提高资源利用效率，减少或者避免生产、服务和产品使用过程中污染物的产生和排放，以减轻或者消除对人类健康和环境的危害。

4.2.2 铝电解清洁生产相关指标体系

4.2.2.1 现行铝电解清洁生产指标体系

现行铝电解清洁生产指标体系为国家环境保护总局 2006 年 7 月 3 日发布、同年 10 月 1 日实施的《清洁生产标准 电解铝业》（HJ/T 187—2006），根据清洁生产的一般要求及电解铝业的特点，该标准将清洁生产指标分为五类，即生产工艺与装备要求、资源能源利用指标、污染物产生指标（末端处理前）、废物回收利用指标和环境管理要求，见表 4-1。

电解铝业生产过程清洁生产水平的三级技术指标中，一级为国际清洁生产先进水平；二级为国内清洁生产先进水平；三级为国内清洁生产基本水平。

表 4-1 电解铝业清洁生产标准（HJ/T 187—2006）

指标		一级	二级	三级
一、生产工艺与装备要求				
备料工艺与装备	氧化铝、氟化盐贮存	袋装料进室内库，罐装料进贮仓		
	氧化铝输送	浓相输送		
	氟化盐输送	浓相输送		
	氧化铝、氟化盐上料段	超浓相输送、计算机控制、自动化精确配料		

	指标	一级	二级	三级
电解 工艺 与装备	工艺与产能要求	电解铝预焙工艺，产量 10 万吨以上（包括 10 万吨）		
	电解电流强度/kA	≥200	≥160	<160
	电解烟气净化系统	全密闭集气，机械排烟、干法净化系统		
二、资源能源利用指标				
原辅材料的消耗		电解铝生产的主要原料为氧化铝，辅助原料为氟化铝、冰晶石、阳极炭块。使用其他代用品时，在生产过程中应减轻对人体健康的损害和生态环境的负面影响		
原辅材料合格率%		100		
电流效率/%		≥94	≥93	≥91
原铝直流电耗 /kW·h·t^{-1}		≤13300	≤13400	≤14000
原铝综合电耗 /kW·h·t^{-1}		≤14500	≤14700	≤15400
氧化铝单耗/kg·t^{-1}		≤1930	≤1930	≤1940
氟化铝单耗/kg·t^{-1}		≤22	≤23	≤28
冰晶石单耗/kg·t^{-1}		≤4	≤5	≤5
阳极单耗（净耗）/kg·t^{-1}		≤410	≤420	≤500
三、污染物产生指标（末端处理前）				
全氟产生量/kg·t^{-1}		≤16	≤18	≤20
粉尘产生量/kg·t^{-1}		≤30	≤30	≤40
四、废物回收利用指标				
集气效率/%		≥98	≥96	≥95
净化效率/%		≥99	≥98	≥97
废电解质		100%回收并加工利用		
废阳极		100%回收并加工利用		
冷却水		100%循环利用		
五、环境管理要求				
环境法律法规标准		符合国家和地方有关环境法律、法规、总量控制和排污许可证管理要求；污染物排放达到国家和地方排放标准（如 GB 9078—1996、GB 16297—1996 等）		
组织机构		设专门环境管理机构和专职管理人员		

指标	一级	二级	三级
环境审核		按照电解铝业企业清洁生产审核指南的要求进行审核；环境管理制度健全，原始记录及统计数据齐全有效	
废物处理		用符合国家规定的废物处置方法处置废物；严格执行国家或地方规定的废物转移制度；对危险废物要建立危险废物管理制度，并进行无害化处理	
生产过程环境管理	（1）按照电解铝业企业清洁生产审核指南的要求进行审核；按照 GB/T 24001 建立并运行环境管理体系，环境管理手册、程序文件及作业文件齐备。（2）近 3 年无重大环境污染事故	（1）每个生产装置要有操作规程，对重点岗位要有作业指导书；易造成污染的设备和废物产生部位要有警示牌；对生产装置进行分级考核。（2）建立环境管理制度，其中包括：开停工及停工检修时的环境管理程序；新、改、扩建项目环境管理及验收程序；环境监测管理制度；污染事故的应急程序；环境管理记录和台账。（3）近 3 年无重大环境污染事故	（1）每个生产装置要有操作规程，对重点岗位要有作业指导书；对生产装置进行分级考核。（2）建立环境管理制度，其中包括：开停工及停工检修时的环境管理程序；新、改、扩建项目环境管理及验收程序；环境监测管理制度；污染事故的应急程序。（3）近 3 年无重大环境污染事故
相关方环境管理		原材料供应方的环境管理程序；协作方、服务方的环境管理程序	

4.2.2.2 2019 年拟修订清洁生产评价指标体系

A 评价指标体系

国家发展改革委于 2019 年 7 月发布了《电解铝行业清洁生产评价指标体系（征求意见稿）》，评价指标见表 4-2；该指标体系将清洁生产指标分为六类，即生产工艺与装备要求、资源和能源消耗指标、资源综合利用指标、污染物产生指标、产品质量指标和清洁生产管理指标；适用于电解铝电流强度不低于 160kA

表4-2　电解铝企业清洁生产评价指标体系评价指标、评价基准值和权重值（2019年7月征求意见稿）

一级指标项	一级权重值	序号	二级指标项	二级分权重值	I级基准值	II级基准值	III级基准值
生产工艺装备及技术要求	0.25	1	氧化铝、氟化盐贮存	0.20	袋装料进室内库，罐装料进贮仓		
		2	氧化铝输送	0.10		浓相输送	浓相输送
		3	氟化盐输送	0.10		浓相输送	浓相输送
		4	氧化铝、氟化盐上料段	0.15	超浓相输送、计算机控制、自动化精确配料		
		5	工艺	0.20	电解铝预焙工艺		
		6	电解电流强度/kA	0.05	≥400	≥300	≥160
		7	电解烟气净化系统	0.20	全密闭集气、机械排烟、干法净化系统		
资源与能源消耗指标	0.20	1	原辅材料消耗①/kg·t⁻¹	0.10	电解铝生产的主要原料为氧化铝，辅助原料为氟化铝、冰晶石、阳极炭块。使用其他代用品时，在生产过程中应减轻对人体健康的损害和生态环境的负面影响		
		2	原辅材料合格率/%	0.10	100	100	100
		3	电流效率/%	0.20	≥94	≥93	≥92
		4	铝液直流电耗①/kW·h·t⁻¹	0.30	≤12500	≤13000	≤13300
		5	氧化铝单耗/kg·t⁻¹	0.10	≤1920	≤1920	≤1920
		6	氟化铝单耗/kg·t⁻¹	0.10	≤20	≤22	≤23
		7	冰晶石单耗/kg·t⁻¹	0.05	≤4	≤5	≤5
		8	阳极单耗/kg·t⁻¹	0.05	≤410	≤420	≤420
产品特征指标	0.05	1	原铝合格率/%	1.00	≥99.90	≥99.85	≥99.70
污染物产生指标	0.20	1	全氟产生量①/kg·t⁻¹	0.50	≤16	≤18	≤20
		2	粉尘产生量①/kg·t⁻¹	0.20	≤30	≤40	≤60
		3	单位产品二氧化硫产生量①/kg·t⁻¹	0.10	≤2	≤3	≤5
		4	单位产品排水量/m³·t⁻¹	0.15	≤2	≤5	≤10
		5	单位产品排气量①/kg·t⁻¹	0.05	≤4	≤10	≤20

续表 4-2

一级指标项	一级权重值	序号	二级指标项	二级分权重值	I级基准值	II级基准值	III级基准值
资源综合利用指标	0.15	1	集气效率/%	0.15	≥98.5	≥98	≥97
		2	净化效率/%	0.25	≥99	≥98	≥97
		3	废电解质/kg·t⁻¹	0.25	送到有资质的单位回收		
		4	废阳极/kg·t⁻¹	0.25	100%回收并加工利用		
		5	冷却水/kg·t⁻¹	0.10	100%循环使用		
清洁生产管理指标	0.15	1	环境法律法规标准	0.25	符合国家和地方有关环境法律、法规和排污许可证管理要求；满足环境影响评价、环保"三同时"制度和排污许可证管理要求；符合国家和地方相关产业政策，不使用国家和地方明令淘汰或禁止的落后工艺或装备		污染物排放达到国家和地方排放标准；污染物排放达到环保"三同时"制度、总量控制，不使用国家和地方明令淘汰的落后工艺或装备
		2	固体废物处理处置	0.10	电解槽大修渣属危险废物，其堆场建设应满足 GB 18597—2001 要求		
		3	清洁生产组织、管理及实施	0.30	设有清洁生产管理部门和配备专职管理人员，制订清洁生产工作规划及年度工作计划；每年清洁生产中，高费方案实施率不低于90%	每年清洁生产中，高费方案实施率不低于70%	每年清洁生产中，高费方案实施率不低于50%
		4	生产工艺用水管理	0.15	安装计量仪表，主要水点位制定量考核制度		
		5	节能管理	0.10	按国家规定要求，组织开展节能评估与能源审计工作，实施节能改造项目完成率为90%，能源改造率符合 GB 17167—2006 三级计量器具配备率符合要求	按国家规定要求，组织开展节能评估与能源审计工作，实施节能改造项目完成率为70%，能源改造率符合 GB 17167—2006 三级计量器具配备率符合要求	按国家规定要求，组织开展节能评估与能源审计工作，实施节能改造项目完成率为50%，能源改造率符合 GB 17167—2006 三级计量器具配备率符合要求
		6	环境信息公开	0.10	按照《环境信息公开办法（试行）》要求公开企业环境信息；按照 HJ 617—20:1 编写企业环境报告书		

①限定性指标。

的企业的清洁生产审核、清洁生产潜力与机会的判断、清洁生产绩效评定和清洁生产绩效公告制度，也适用于环境影响评价、排污许可证、环保领跑者等环境管理制度。

定量评价指标中，各指标的评价基准值是衡量该项指标是否满足相应清洁生产水平的基准数据。评价指标体系确定各定量评价指标基准值的依据为：凡国家或行业在有关政策、规划等文件中对该项指标已有明确要求的就执行国家要求的数值；凡国家或行业对该项指标尚无明确要求的，则选用国内重点电解铝企业近年来清洁生产实际达到的中上等以上水平的指标值。

B 清洁生产综合评价指数

不同等级清洁生产水平综合评价指数判定值规定见表4-3。

表4-3 电解铝企业清洁生产水平判定

企业清洁生产水平	清洁生产综合评价指数
Ⅰ级（国际清洁生产领先水平）	同时满足：$Y_{\text{I}} \geqslant 85$；限定性指标全部满足Ⅰ级基准值要求
Ⅱ级（国内清洁生产先进水平）	同时满足：$Y_{\text{II}} \geqslant 85$；限定性指标全部满足Ⅱ级基准值要求及以上
Ⅲ级（国内清洁生产一般水平）	同时满足：$Y_{\text{III}} = 100$；限定性指标全部满足Ⅲ级基准值要求及以上

对新建电解铝企业或在建项目、现有电解铝企业清洁生产水平的评价，对达到一定综合评价指数的企业，分别评定为国际清洁生产领先水平、国内清洁生产先进水平和国内清洁生产一般水平。

4.2.2.3 2022年拟修订清洁生产评价指标体系

2022年7月，为贯彻落实《中华人民共和国清洁生产促进法》和《"十四五"全国清洁生产推行方案》，国家发改委再次对《电解铝行业清洁生产评价指标体系（征求意见稿）》公开征求意见。

A 指标体系

电解铝企业清洁生产评价指标体系的评价指标、评价基准值及权重值见表4-4。

B 综合评价指数计算

a 计算步骤

第一步：将新建企业或新建项目、现有企业相关指标与Ⅰ级限定性指标进行对比，全部符合要求后，再将企业相关指标与Ⅰ级基准值进行逐项对比，计算综合评价指数得分 Y_{I}，当综合指数得分 $Y_{\text{I}} \geqslant 85$ 分时，可判定企业清洁生产水平为Ⅰ级。当企业相关指标不满足Ⅰ级限定性指标要求或综合指数得分 $Y_{\text{I}} < 85$ 分时，则进入第二步计算。

表4-4　电解铝企业清洁生产评价指标、权重及基准值表（2022年7月征求意见稿）

序号	一级指标	一级指标权重	二级指标	二级指标权重	I级清洁生产水平基准值	II级清洁生产水平基准值	III级清洁生产水平基准值
1	生产工艺与装备要求	0.25	氧化铝、氟化盐贮存	0.1	原料贮存采用密闭贮库（仓）		
2			氧化铝输送	0.1	浓相输送或其他密闭输送方式		
3			氟化盐输送	0.1	浓相输送		
4			氧化铝上料段	0.1	浓相输送		
5			氟化盐上料段	0.1	浓相输送或加料车等封闭加料方式		天车加料或其他机械加料方式
6			电解电流强度①/kA	0.1	≥500	≥400	≥160
7			电解槽平均电压/V	0.1	≤3.9	≤4.0	≤4.1
8			电解槽集气效率/%	0.1	≥99.3	≥99	≥98.5
9			电解烟气净化系统	0.2	全密闭集气，机械排烟、氧化铝吸附干法回收净化系统加脱硫净化措施	全密闭集气，机械排烟、氧化铝吸附干法回收净化系统	全密闭集气，机械排烟、氧化铝吸附干法回收净化系统
10	能源消耗	0.2	电流效率①/%	0.2	≥94	≥93	≥92
11			铝液交流电耗①/kW·h·t⁻¹	0.2	≤12650	≤12750	≤13350
12			氧化铝单耗/kg·t⁻¹	0.15	≤1910	≤1915	≤1920
13			炭阳极单耗（净）/kg·t⁻¹	0.1	≤400	≤405	≤410
14			氟化铝单耗/kg·t⁻¹	0.25	≤13	≤15	16
15			冰晶石单耗/kg·t⁻¹	0.1	≤0.5	≤1	≤1.5
16	水资源消耗	0.01	生产水重复利用率/%	1	≥99.5	≥99.0	≥98.5
17	原辅料消耗	0.01	原辅材料合格率/%	1	100		

续表4-4

序号	一级指标	一级指标权重	二级指标	二级指标权重	I级清洁生产水平基准值	II级清洁生产水平基准值	III级清洁生产水平基准值
18	资源综合利用指标	0.14	粉尘综合利用率/%	0.4	≥99.5	≥99.0	≥98.5
19			废电解质回收利用率/%	0.3		100	
20			残极回收再加工利用率/%	0.3		100	
21	污染物排放指标	0.2	全氟排放量^①/kg·t^{-1}	0.3	≤0.2	≤0.3	≤0.6
22			电解烟气净化系统排放口全氟排放浓度^①/mg·m^{-3}	0.2	≤0.5	≤1	≤3
23			电解烟气净化系统排放口颗粒物排放浓度^①/mg·m^{-3}	0.2	≤5	≤10	≤20
24			电解烟气净化系统排放口二氧化硫净化浓度^①/mg·m^{-3}	0.2	≤35	≤100	≤200
25	温室气体排放	0.03	单位产品排水量/m^3·t^{-1}	0.1	≤0.5	≤0.8	≤1.0
26			温室气体二氧化碳排放^①/kg·t^{-1}	1	≤8994	≤9188	≤9926
27	产品特征指标	0.01	原品合格率/%	1		100	
28	清洁生产管理指标	0.15	环保法律法规标准执行情况	0.1	符合国家和地方有关环境法律、法规；污染物排放达到国家和地方排放标准；满足环境影响评价、环保"三同时"制度、总量控制和排污许可证管理要求		
29			产业政策符合性	0.1	生产规模符合国家和地方相关产业政策的要求，不使用国家和地方明令淘汰或禁止的落后工艺和装备，未生产国家明令禁止的产品		
30			清洁生产管理	0.1	按照GB/T 24001—2016建立并运行环境管理体系，通过环境管理体系第三方认证；建有专门负责清洁生产的领导机构，各成员单位及主管人员职责分工明确；有健全的清洁生产工作规划及年度工作计划，对规划、计划提出的目标、指标，认真组织落实；资源、能源、环保设施运行统计台账齐全，建立、制定清洁生产方案（预案要通过组织演练）并定期演练；按行业无组织排放监管的相关政策要求，加强对无组织排放的防控措施，减少生产过程无组织排放		

续表 4-4

序号	一级指标	一级指标标权重	二级指标	二级指标标权重	Ⅰ级清洁生产水平基准值	Ⅱ级清洁生产水平基准值	Ⅲ级清洁生产水平基准值
31	清洁生产管理指标	0.15	清洁生产审核	0.1	按照政府规定要求，制订清洁生产工作计划，对原料及生产全流程定期开展清洁生产审核活动，中、高费方案实施率为100%	按照政府规定要求，制订清洁生产工作计划，对原料及生产全流程定期开展清洁生产审核活动，中、高费方案实施率不低于90%	按政府规定要求，制订清洁生产工作计划，对原料及生产全流程中部分生产工序定期开展清洁生产审核活动，中、高费方案实施率不低于80%
32			节能管理	0.1	按照 GB/T 23331—2020建立并运行能源管理体系，通过第三方认证，建立国家能控中心，按国家规定要求，组织开展能源审计工作，实施能源评估与能源审计工作，实施能源改造项目完成率为90%	按照 GB/T 23331—2020建立并运行能源管理体系，通过能源管理第三方认证，按国家规定要求，组织开展能源审计工作，实施能源评估与实施能源改造项目完成率不低于70%	按照 GB/T 23331—2020建立并运行能源管理要求，按国家规定要求，组织开展能源审计工作，与能源评估与能源改造项目完成率不低于50%
33			污染物排放监测	0.1	按照排污许可证规定的自行监测方案，安排专人专职开展监测工作，采用符合国家规定的废物	按照排污许可证规定的自行监测方案或委托第三方自行监测数据进行记录、整理和分析、统计和分析	建立并运行第三方监测机构开展工作，公开自行监测信息
34			固体废物处理处置①	0.1	固废进行安善处理加以循环利用。应制订并向当地环保主管部门产废物产生量、流向、贮存、处置等有关资料。制定意外事故防范措施预案	固体废物处置按照 GB 18597—2001 相关规定执行。对一般工业固废进行安善处理加以循环利用。应制订并向当地环保主管部门危险废物产生量、种类、流向、处置等有关资料。制定意外事故防范措施预案	一般固体废物按照 GB 18599—2001 相关规定执行。对一般工业危险废物处置按照 GB 18599—2001 相关规定执行，危险废物按照 GB 18597—2001 相关规定执行
35			计量器具配备情况	0.05	计量器具具备配备符合 GB 24789—2009 三级计量要求	计量器具具备配备符合 GB 17167—2006、GB 24789—2009 二级计量要求	计量器具具备配备符合 GB 17167—2006、GB 24789—2009 二级计量要求
36			危险化学品管理①	0.1	符合《危险化学品安全管理条例》相关要求		
37			突发环境事件预防	0.1	按照国家相关规定要求，建立健全环境管理制度及污染事故防范措施，无重大环境污染事故发生		
38			环境信息公开	0.05	按照排污许可证规定的信息公开要求定期开展信息公开		
39			土壤污染隐患排查	0.05	参照国家有关技术规范，建立土壤污染隐患排查制度，保证持续有效防止有毒有害物质渗漏、流失、扬散		

① 限定性指标。

第二步：将新建企业或新建项目、现有企业相关指标与Ⅱ级限定性指标进行对比，全部符合要求后，再将企业相关指标与Ⅱ级基准值进行逐项对比，计算综合评价指数得分 $Y_{Ⅱ}$，当综合指数得分 $Y_{Ⅱ} \geq 85$ 分时，可判定企业清洁生产水平为Ⅱ级。当企业相关指标不满足Ⅱ级限定性指标要求或综合指数得分 $Y_{Ⅱ} < 85$ 分时，则进入第三步计算。

新建企业或新建项目不再参与第三步计算。

第三步：将现有企业相关指标与Ⅲ级限定性指标基准值进行对比，全部符合要求后，再将企业相关指标与Ⅲ级基准值进行逐项对比，计算综合指数得分，当综合指数得分 $Y_{Ⅲ} = 100$ 分时，可判定企业清洁生产水平为Ⅲ级。当企业相关指标不满足Ⅲ级限定性指标要求或综合指数得分 $Y_{Ⅲ} < 100$ 分时，表明企业未达到清洁生产要求。

b 电解铝企业清洁生产水平评定

以其清洁生产综合评价指数为依据，对达到一定综合评价指数的企业，分别评定为国际清洁生产先进（标杆）水平、清洁生产准入水平和清洁生产一般水平。根据我国国内电解铝企业实际情况，不同等级清洁生产水平综合评价指数判定值规定见表4-5。

表 4-5 电解铝企业清洁生产水平判定

企业清洁生产水平	清洁生产综合评价指数
Ⅰ级（清洁生产先进（标杆）水平）	同时满足：$Y_{Ⅰ} \geq 85$；限定性指标全部满足Ⅰ级基准值要求
Ⅱ级（清洁生产准入水平）	同时满足：$Y_{Ⅱ} \geq 85$；限定性指标全部满足Ⅱ级基准值要求及以上
Ⅲ级（清洁生产一般水平）	同时满足：$Y_{Ⅲ} = 100$；限定性指标全部满足Ⅲ级基准值要求及以上

4.2.3 其他指标

国家发改委于2021年发布了《高耗能行业重点领域能效标杆水平和基准水平（2021年版）》，提出了铝冶炼重点领域的能耗标杆水平及基准水平，见表4-6。

表 4-6　高耗能行业重点领域能效标杆水平和基准水平（2021 年版）

国民经济行业分类及代码			重点领域	指标名称	指标单位	标杆水平	基准水平	参考标准
大类	中类	小类						
有色金属冶炼和压延加工业（32）	常用有色金属冶炼（321）	铝冶炼（3216）	电解铝	铝液交流电耗	kW·h/t	13000	13350	《电解铝企业单位产品能源消耗限额》（GB 21346—2022）

中国标准化研究院于 2021 年 12 月公开征求《电解铝和氧化铝单位产品能源消耗限额》等四项强制性能耗限额国家标准的意见，电解铝主要指标见表 4-7。

表 4-7　电解铝和氧化铝单位产品能耗限额等级

指　标	能耗限额等级		
	1 级	2 级	3 级
铝液交流电耗/kW·h·t⁻¹	≤13000	≤13100	≤13300
铝液综合交流电耗/kW·h·t⁻¹	≤13350	≤13450	≤13650
铝锭综合交流电耗/kW·h·t⁻¹	13400	≤13500	≤13700
铝锭综合能源单耗（以标煤计）/kg·t⁻¹	≤1675	1690	1710

4.2.4　我国电解铝企业清洁生产水平要求变化情况

电解铝企业属"两高"项目，随着电解铝工业工艺技术水平的不断进步及生态环境保护要求的不断加严，国家对电解铝企业清洁生产水平的要求不断提升，以一（Ⅰ）级水平为例，电解电流强度在 2019 年征求意见稿时由 200kA 提高至 400kA，而 2022 年征求意见稿中，则再次提高至 500kA；主要原辅料消耗方面，2019 征求意见稿与 2006 版指标差别不大，做了稍许提升，但到了 2022 年征求意见稿，Ⅱ级指标都严于 2006 版及 2019 年征求意见的一（Ⅰ）级指标（见表 4-8），可见我国铝工业尤其是近几年在工艺水平及环境保护方面有着突飞猛进的提升。

表 4-8 我国清洁生产部分指标变化情况一览表

序号	类别	指标	指标单位	清洁生产一级水平（HJ/T 187—2006）	清洁生产I级水平（2019年征求意见稿）	清洁生产I级水平（2022年征求意见稿）	清洁生产II级水平（2022年征求意见稿）	电解铝和氧化铝单位产品能源消耗限额1级	铝行业规范条件（2020年本）
1	备料工艺与装备	氧化铝、氟化盐贮存		袋装料进室内库，罐装料进室贮仓		原料贮存采用密闭贮库（仓）			
2		氧化铝输送		浓相输送		浓相输送或其他封闭输送方式			
3		氟化盐输送			浓相输送				
4		氧化铝、氟化盐上料段		超浓相输送、计算机精确配料	浓相输送、计算机控制、自动化精确配料	氧化铝：浓相输送；氟化盐：浓相输送或其他封闭输送方式			
5	电解工艺与装备	工艺与产能要求		电解铝预焙工艺，产量10万吨以上（包括10万吨）	电解铝预焙工艺				
6		电解电流强度	kA	≥200	≥400	≥500	≥400		
7		电解烟气净化系统		全密闭集气、机械排烟、干法净化系统		全密闭集气，机械排烟，氧化铝吸附干法回收净化系统加脱硫清扫			

续表4-8

序号	指标		指标单位	清洁生产一级水平(HJ/T 187—2006)	清洁生产Ⅰ级水平(2019年征求意见稿)	清洁生产Ⅰ级水平(2022年征求意见稿)	清洁生产Ⅱ级水平(2022年征求意见稿)	电解铝和氧化铝单位产品能源消耗限额1级	铝行业规范条件(2020年本)
8		铝液交流电耗	kW·h/t			≤12650	≤12750	≤13000	
9		铝液直流电耗	kW·h/t		≤12500				
10		原铝直流电耗	kW·h/t	≤13300					
11		原铝综合电耗	kW·h/t	≤14500				≤13400	
12		电流效率	%		≥94		≥93	≥94	
13		铝液综合交流电耗	kW·h/t					≤13350	≤13500(不含脱硫脱硝)
14		铝锭综合交流电耗	kW·h/t					≤13400	
15	资源能源利用指标	铝锭综合能源单耗(以标煤计)	kg/t					≤1675	
16		氧化铝单耗	kg/t	≤1930	≤1920	≤1910	≤1915		≤1920
17		氟化铝单耗	kg/t	≤22	≤20	≤13	≤15		
18		冰晶石单耗	kg/t	≤4	≤4	≤0.5	≤1		
19		氟化盐单耗	kg/t	≤26①	≤24①	≤13.5①	≤16①		≤18
20		阳极单耗(净耗)	kg/t		≤410	≤400	≤405		≤410

①相应文件中无直接的氟化盐单耗要求,数值为氟化铝与冰晶石的加和。

5 中国电解铝概况

5.1 中国电解铝产业现状

5.1.1 中国电解铝产业发展的基本特征

中国电解铝生产最早可追溯至 1938 年 10 月在辽宁抚顺建成并投入生产使用的 80 台 24kA 侧插自焙阳极电解槽,年产能 4000t,1939 年扩产至年产能 5000t、1941 年扩产至年产能 10000t[6]。中国铝工业的真正起步阶段为 20 世纪 50 年代初,至 2001 年,以 433 万吨跃居世界第一,并连续稳居世界第一。新中国电解铝工业发展至今 70 余年,铝工业成就举世瞩目。

电解铝是国民经济建设所需要的重要原材料,在国家宏观调控政策和产业政策的指导下,中国铝工业在结构调整、淘汰落后、技术进步、节能降耗、兼并重组等方面取得了积极进展,为国民经济建设作出了重要贡献。2017 年以前,中国电解铝主要集中在山东、新疆、河南、内蒙古等地,且大部分以煤供电,随着《大气污染防治行动计划》的实施,国家加快调整能源结构,煤电铝产业模式的发展空间进一步受到了压缩,推动缺乏电价优势的产能逐步退出,有序向具有能源竞争优势特别是水电丰富地区转移[26]。

5.1.2 中国电解铝产能及分布

根据 1999—2021 年的《中国统计年鉴》和《国民经济和社会发展统计公报》等数据可知,2004 年电解铝产量为 669.04 万吨,十种有色金属及其中的铜、氧化铝产量自 2005 年纳入年鉴工业产品统计范围,2006 年起,统计年鉴中首次增加电解铝产量统计。现今,电解铝是除钢铁外产量最高的金属,2020 年电解铝产量为 3708.04 万吨,2021 年为 3850.3 万吨(见表 5-1、图 5-1 和图 5-2),并连续多年保持世界第一。

据百川盈孚统计,2021 年全国电解铝产能已突破 4500 万吨,为 4644.7 万吨,分布在 16 个省(自治区、直辖市),2021 年云南省产能位列全国第四(见图 5-3)。

表 5-1　全国 2014—2020 年钢铁、氧化铝、电解铝等有色金属工业产品产量统计表

年份	产品产量/万吨						
	生铁	粗钢	十种有色金属[①]	精炼铜	电解铝产量	电解铝生产能力	氧化铝
2004	26830.99	28291.09	1441.12	220.21	669.04	—	697.86
2005	34375.19	35323.98	1635	260.68	778.68	—	859.22
2006	41245.19	41914.85	1916.27	300.21	926.57	—	1325.69
2007	47651.63	48928.8	2379.15	344.28	1233.97	—	1946.67
2008	47824.42	50305.75	2553.63	380.06	1316.54	—	2302.92
2009	55283.46	57218.23	2648.54	413.49	1288.61	—	2379.29
2010	59733.34	63722.99	3120.98	458.65	1577.13	—	2893.02
2011	64050.88	68528.31	3435.44	524.02	1767.89	2202.77	1767.89
2012	66354.4	72388.22	3696.97	575.73	2020.84	2448.81	3769.89
2013	70897	77904.1	4054.92	649.01	2205.85	3121.8	4437.2
2014	71374.78	82330.63	4828.81	764.37	2885.79	3549.42	5239.91
2015	69141.3	80382.5	5155.82	796.2	3141	3701.92	5897.9
2016	70227.33	80760.94	5345.11	843.63	3264.53	3744.6	6090.6
2017	71361.93	87074.09	5498.31	896.95	3328.96	3816.58	6900.67
2018	77987.63	92903.84	5893.7	978.33	3683.1	4051.41	7457.41
2019	80849.38	99541.89	5865.96	978.44	3512.96	4040.16	7230.16
2020	88897.61	106476.58	6188.42	1002.51	3708.04	4231.12	7313.19
2021	—	103524.3	6477.1	1048.7	3850.3	4644.7[②]	—

① 十种有色金属包括铜、铝、铅、锌、镍、锡、锑、镁、钛、汞。
② 数据来源于百川盈孚。

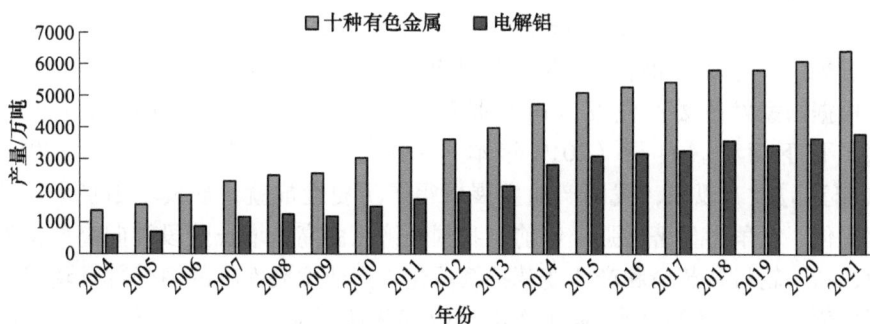

图 5-1　全国 2004—2021 年十种有色金属及电解铝产量

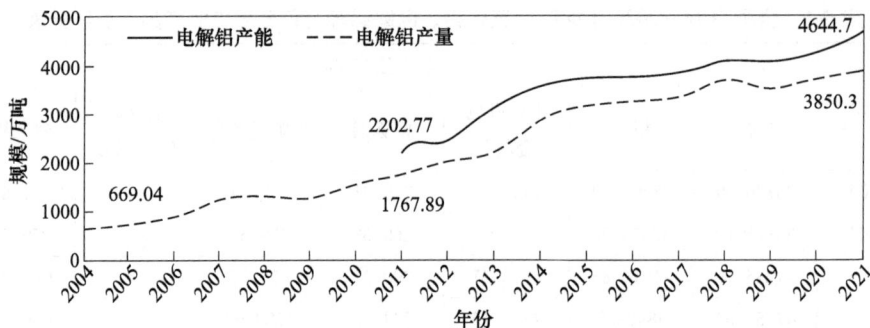

图 5-2 2004—2021 年全国电解铝产能及产量

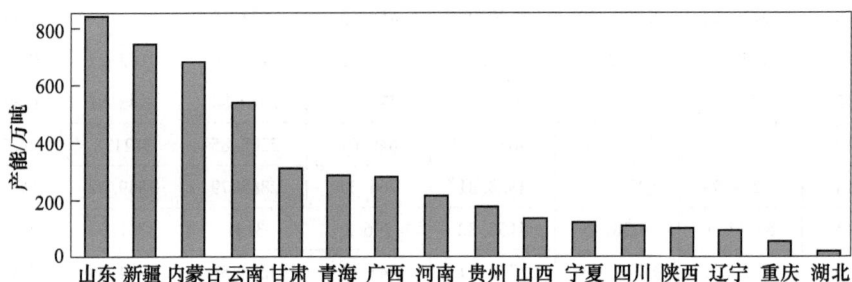

图 5-3 2021 年全国电解铝产能分布图

5.2 电解铝相关政策要求

5.2.1 电解铝产业政策及相关要求

5.2.1.1 产业结构调整指导目录

国家发改委于 2019 年 10 月 30 日公布了《产业结构调整指导目录（2019 年本）》，自 2020 年 1 月 1 日起施行，原《产业结构调整指导目录（2011 年本）（修正）》（以下简称《目录（2011 年本）（修正）》）同时废止。

根据国家发改委产业发展司负责人就《产业结构调整指导目录（2019 年本）》（以下简称《目录（2019 年本）》）答记者问，2013 年《目录（2011 年本）（修正）》发布以来，我国产业发展取得了历史性成就，规模不断扩大、结构持续优化、竞争力显著增强。当前，我国经济已由高速增长阶段转向高质量发展阶段，新一轮科技革命和产业变革持续深化，产业发展面临的内外部环境发生了深刻变化，《目录（2011 年本）（修正）》已经无法适应新形势、新任务、新要求，需要予以修订。此次修订的导向为以习近平新时代中国特色社会主义思想为指导，全面贯彻党的十九大和十九届二中、三中全会精神，坚持稳中求进工作总基调，坚持新发展理念，坚持推动高质量发展，坚持以供给侧结构性改革为主线，优化存量资源配置，扩大优质增量供给，促进我国产业迈向全球价值链中高端。修订重点之一是推动制造业高质量发展。把制造业高质量发展放到更加突出的位置，加快传统产业改造提升，大力培育发展新兴产业。

两版目录中有关电解铝的对比情况见表5-2。

表 5-2 现行产业结构调整指导目录《目录（2019 年本）》与上一版《目录（2011 年本）（修正）》对比情况一览表

类别	行业	2019 年本	2011 年本（修正）
鼓励类	有色金属	信息、新能源有色金属新材料生产：铝铜硅钨钼稀土等大规格高纯靶材、交通运输、高端制造及其他领域有色金属新材料	信息、新能源有色金属新材料生产：铝铜硅钨钼等大规格高纯靶材
		交通运输：交通运输工具主承力结构用的新型高强、高韧、耐蚀铝合金材料及大尺寸制品（航空用铝合金抗压强度不低于650MPa，高速列车用铝合金抗压强度不低于 500MPa）	交通运输、高端制造及其他领域有色金属新材料生产：交通运输工具主承力结构用的新型高强、高韧、耐蚀铝合金材料及大尺寸制品（航空用铝合金抗压强度不低于650MPa，高速列车用铝合金抗压强度不低于 500MPa）
	机械	合金钢、不锈钢、耐候钢高强度紧固件、钛合金、铝合金紧固件和精密紧固件	—
		大气污染治理装备：电解铝烟气氧化铝脱氟除尘技术装备	—
	汽车	轻量化材料应用：铝合金	轻量化材料应用：铝镁合金
	轻工	真空镀铝等新型包装材料	
限制类	有色金属	电解铝项目（产能置换项目除外）	电解铝项目（淘汰落后生产能力置换项目及优化产业布局项目除外）
		10 万吨/年以下的独立铝用炭素项目	
淘汰类	有色金属	铝自焙电解槽及 160kA 以下预焙槽	铝自焙电解槽及 100kA 及以下预焙槽（2011 年）
		利用坩埚炉熔炼再生铝合金的工艺及设备	
		铝用湿法氟化盐项目	
		1 万吨/年以下的再生铝项目	
		4t 以下反射炉再生铝生产工艺及设备	

5.2.1.2 西部地区鼓励类产业目录

因西部地区自我发展能力不足，为优化全国产业分工格局、促进区域协调发展，在国家产业结构调整指导目录等基础上，结合西部产业发展实际，国家发改委于2014年发布了《西部地区鼓励类产业目录》，制定西部地区鼓励类产业目录，实行有差别的产业政策，以利于西部地区发挥比较优势、大力发展特色优势产业、提升自我发展能力，也利于东部地区加强与西部地区的产业合作、拓展发展空间、促进产业优化升级。

党的十九大提出强化举措推进西部大开发形成新格局，为更好适应新时代西部大开发工作的新形势、新任务，国家发展改革委对2014版目录进行修订，并于2021年3月1日起施行《西部地区鼓励类产业目录（2020年本）》，2014年版目录同时废止。现行西部地区鼓励类产业目录与2014年版对比情况见表5-3。

表5-3 现行西部地区鼓励类产业目录与上一版对比情况一览表

产业目录	2020年本	2014年本
云南省鼓励产业	绿色铝产业（生产、精深加工及其应用）（《产业结构调整指导目录》限制类、淘汰类项目除外）	无铝产业相关内容

5.2.1.3 关于化解产能严重过剩矛盾的指导意见

受发展阶段、发展理念和体制机制等多种因素的影响，2013年前后，我国部分行业供过于求矛盾凸显，传统制造业产能普遍过剩，特别是钢铁、水泥、电解铝、平板玻璃等行业尤为突出。2012年底，我国钢铁、水泥、电解铝、平板玻璃、船舶产能利用率分别仅为72%、73.7%、71.9%、73.1%和75%，明显低于国际通常水平。

为此，国务院于2013年10月印发了《关于化解产能严重过剩矛盾的指导意见》，对化解产能严重过剩矛盾工作进行了总体部署。

该指导意见确定的主要目标为：通过5年努力，化解产能严重过剩矛盾工作取得重要进展。

产能规模基本合理。钢铁、水泥、电解铝、平板玻璃、船舶等行业产能总量与环境承载力、市场需求、资源保障相适应，空间布局与区域经济发展相协调，产能利用率达到合理水平。

发展质量明显改善。兼并重组取得实质性进展，产能结构得到优化；清洁生产和污染治理水平显著提高，资源综合利用水平明显提升；经济效益实现好转，盈利水平回归合理，行业平均负债率保持在风险可控范围内，核心竞争力明显增强。

该指导意见确定的主要任务包括：坚决遏制产能盲目扩张、清理整顿建成违规产能、调整优化产业结构等内容。

A 坚决遏制产能盲目扩张

（1）严禁建设新增产能项目。严格执行国家投资管理规定和产业政策，加强产能严重过剩行业项目管理,各地方、各部门不得以任何名义、任何方式核准、备案产能严重过剩行业新增产能项目,各相关部门和机构不得办理土地(海域)供应、能评、环评审批和新增授信支持等相关业务。

(2)分类妥善处理在建违规项目。对未按土地、环保和投资管理等法律法规履行相关手续或手续不符合规定的违规项目,地方政府要按照要求进行全面清理。凡是未开工的违规项目,一律不得开工建设;凡是不符合产业政策、准入标准、环保要求的违规项目一律停建;对确有必要建设的项目,在符合布局规划和环境承载力要求,以及等量或减量置换原则等基础上,由地方政府提出申请报告,报发改委、工信部并抄报国土资源部、环境保护部等相关职能部门,发改委、工信部商国土资源部、环境保护部等职能部门在委托咨询机构评估的基础上出具认定意见,各相关部门依法依规补办相关手续。

B 清理整顿建成违规产能

各省级人民政府依据《行政许可法》《土地管理法》《环境保护法》等法律法规,以及能源消耗总量控制指标、产业结构调整指导目录、行业规范和准入条件、环保标准等要求,对产能严重过剩行业建成违规项目进行全面清理,提出整顿方案并向社会公示后,报发改委、工信部、国土资源部、环境保护部等部门备案;对不符合备案要求的,各有关部门要及时反馈意见。

C 调整优化产业结构

该指导意见要求,推进企业兼并重组。优化产业空间布局。科学制定产业布局规划,在坚决遏制产能盲目扩张和严控总量的前提下,有序推进产业布局调整和优化。按照区域发展总体战略要求,适应城镇化发展需要,结合地方环境承载力、资源能源禀赋、产业基础、市场空间、物流运输等条件,有序推进产业梯度转移和环保搬迁、退城进园,防止落后产能转移。支持跨地区产能置换,引导国内有效产能向优势企业和更具比较优势的地区集中,推动形成分工合理、优势互补、各具特色的区域经济和产业发展格局。

针对电解铝行业,该指导意见要求2015年底前淘汰16万安培以下预焙槽,对吨铝液电解交流电耗大于13700kW·h,以及2015年底后达不到规范条件的产能,用电价格在标准价格基础上上浮10%。严禁各地自行出台优惠电价措施,采取综合措施推动缺乏电价优势的产能逐步退出,有序向具有能源竞争优势特别是水电丰富地区转移。支持电解铝企业与电力企业签订直购电长期合同,推广交通车辆轻量化用铝材产品的开发和应用。鼓励国内企业在境外能源丰富地区建设电解铝生产基地。

5.2.1.4 关于完善电解铝行业阶梯电价政策的通知

为贯彻落实党中央、国务院决策部署,充分发挥电价杠杆作用,推动电解铝行业持续提升能源利用效率、降低碳排放强度,服务经济社会绿色低碳循环发展,国家发改委2021年制定和发布了《关于完善电解铝行业阶梯电价政策的通知》。主要事项包括完善阶梯电价分档和加价标准、严禁对电解铝行业实施优惠电价政策、加强加价电费收缴工作及加强阶梯电价执行情况监督检查,其中,完善阶梯电价分档和加价标准的要求如下:

(1)分档设置阶梯电价。按铝液综合交流电耗(指电解铝企业生产每吨电解铝液平均消耗的交流电量)对电解铝行业阶梯电价进行分档,分档标准为每吨13650kW·h。电解铝企业铝液综合交流电耗不高于分档标准的,铝液生产用电量(指电解铝企业报告期内电解铝液生产中消耗的交流电量,包括电解铝液生产、电解槽启动、停槽短路口压降、系列烟气净化、整流、空压机、物料输送、动力照明等辅助附属系统消耗的交流电量和线路损失,含自备电厂电量、电网购电量、电力市场交易电量等)不加价;高于分档标准的,每超过20kW·h,铝液生产用电量每千瓦时加价0.01元,不足20kW·h的,按20kW·h计算。

(2)稳步调整分档标准。自2023年起,分档标准调整为铝液综合交流电耗每吨13450kW·h(不含脱硫电耗);自2025年起,分档标准调整为铝液综合交流电耗每吨13300kW·h(不含脱硫电耗)。

(3)基于清洁能源利用水平动态调整加价标准。鼓励电解铝企业提高风电、光伏发电等非水可再生能源利用水平,减少化石能源消耗。电解铝企业消耗的非水可再生能源电量在全部用电量中的占比超过15%,且不小于所在省(自治区、直辖市)上年度非水电消纳责任权重激励值的,占比每增加1个百分点,阶梯电价加价标准相应降低1%。

5.2.2 铝行业规范条件

为进一步加强铝行业管理,遏制铝行业重复建设,化解电解铝产能过剩矛盾,提升资源综合利用率和节能环保水平,推动铝行业结构调整和产业升级,促进铝行业持续健康发展,工信部于2013年发布了《铝行业规范条件》。

为进一步加快铝产业转型升级,促进铝行业技术进步,提升资源综合利用率和节能环保水平,推动铝行业高质量发展,工信部于2020年2月发布了现行的《铝行业规范条件》,与2013年发布的上一版规范条件的对比情况见表5-4。

表5-4 现行铝行业规范条件与上一版对比情况一览表

对比内容	2020版规范条件	2013版规范条件
总体要求	铝土矿开采、氧化铝、电解铝和再生铝生产须符合国家及地方产业政策、矿产资源规划、环保及节能法律法规和政策、矿业法律法规和政策、安全生产法律法规和政策、行业发展规划等要求。	企业布局: (1)铝土矿开采、氧化铝、电解铝和再生铝项目必须符合国家产业政策和铝工业发展总体规划、土地利用总体规划、城镇规划、主体功能区规划,要根据资源、能源、环境

对比内容	2020 版规范条件	2013 版规范条件
总体要求	矿山企业须依法取得采矿许可证和安全生产许可证，采矿权人应按照批准的开发利用方案、初步设计和安全设施设计进行矿山建设和开发，严禁无证开采、乱采滥挖和破坏环境、浪费资源。 氧化铝、电解铝企业应按照国家有关规定经有关部门备案，氧化铝企业应落实铝土矿资源、赤泥堆存等外部条件，电解铝企业应落实氧化铝、电力、水资源长期稳定供应。 鼓励电解铝企业通过重组实现水电铝、煤电铝或铝电一体化发展。鼓励再生铝企业靠近废铝资源聚集地区布局	条件，合理布局建设铝冶炼企业。现有生产要素缺乏竞争力地区的电解铝企业要逐步转移退出，在规划引导和总量控制下，有序向竞争力强的地区转移，严格控制新增产能，防止盲目投资加剧产能过剩矛盾。 （2）应根据环境影响评价结论确定厂址位置及其与周围人群和敏感区域的距离。 生产规模及主要外部条件：新增生产能力的电解铝项目，必须按照国家有关规定经有关部门核准，同时要有氧化铝原料供应保证，并落实电力供应、交通运输等内外部条件。鼓励电解铝企业通过重组实现水电铝、煤电铝或铝电一体化
质量	铝土矿产品质量应符合《铝土矿石》（GB/T 24483—2009），氧化铝产品质量应符合《冶金级氧化铝》（YS/T 803—2012），重熔用铝锭产品质量应符合《重熔用铝锭》（GB/T 1196—2008），再生铝产品质量应符合《铸造铝合金锭》（GB/T 8733—2016）或《变形铝及铝合金化学成分》（GB/T 3190—2020）	铝土矿开采和铝冶炼企业须具备完备的产品质量管理体系，铝土矿石产品质量必须符合 GB/T 24483—2009、氧化铝产品质量必须符合 YS/T 803—2012、铝用预焙阳极产品质量必须符合 YS/T 285—2012、重熔用铝锭必须符合 GB/T 1196—2008 等国家标准
工艺技术和装备	鼓励铝土矿企业采用自动化程度较高的机械化装备，并依据铝土资源情况增设脱硫和除铁生产系统。 氧化铝企业应根据铝土资源情况选择拜耳法、串联法等效率高、能耗低、水耗低、环保达标、资源综合利用效果好、安全可靠的先进生产工艺及装备。 电解铝企业须采用高效低耗、环境友好的大型预焙电解槽技术，不得采用国家明令禁止或淘汰的设备、工艺。 再生铝企业应采用烟气余热利用等其他先进节能技术及提高金属回收率的先进熔炼炉型，并配套建设铝灰渣综合回收、废铝熔炼烟气和粉尘高效处理及二噁英防控设备设施，有效去除原料中的含氯物质及切削油等杂质，鼓励不断优化预处理系统，提高保级利用技术的应用，禁止利用直接燃煤反射炉和4t以下其他反射炉生产再生铝，禁止采用坩埚炉熔炼再生铝合金	铝土矿：铝土矿山（包括与煤矿等伴生的铝土矿）必须采用适合矿床开采技术条件的先进采矿方法，尽量采用大型设备，提高自动化水平，并依据铝土资源情况增设脱硫和除铁生产系统。 氧化铝：氧化铝项目要根据铝土矿资源情况选择拜耳法、串联法等效率高、工艺先进、能耗低、排放少、环保达标、资源综合利用效果好的生产工艺及装备，并满足国家《节约能源法》《清洁生产促进法》《环境保护法》等法律法规的要求。 电解铝：新建及改造电解铝项目，必须采用400kA及以上大型预焙槽工艺。现有电解铝生产线要达到160kA及以上预焙槽。禁止采用湿法工艺生产铝用氟化盐。铝用炭阳极项目采用中、高硫石油焦原料时，必须配备高效的烟气脱硫净化装置，并实现达标排放，禁止建设15万吨/年以下的独立铝用炭阳极项目和2万吨/年以下的独立铝用炭阴极项目。

对比内容	2020 版规范条件	2013 版规范条件
工艺技术和装备		再生铝：再生铝项目必须按照规模化、环保型的发展模式建设，必须采用双室炉、带蓄热式燃烧系统满足废烟气热量回收利用、提高金属回收率等的先进熔炼炉型，并配套建设铝灰渣综合回收及二噁英防控能力的设备设施。禁止利用直接燃煤反射炉和 4t 以下其他反射炉生产再生铝，禁止采用坩埚炉熔炼再生铝合金。现有再生铝生产系统，应采取有效措施去除原料中含氯物质及切削油等有机物
能源消耗	企业应建立、实施并保持满足 GB/T 23331—2020 要求的能源管理体系，并鼓励通过能源管理体系第三方认证。能源计量器具应符合《用能单位能源计量器具配备和管理通则》（GB 17167—2006）的有关要求，鼓励企业建立能源管控中心，所有企业能耗须符合国家相关标准的规定。 以一水铝石矿或其选精矿为原料的氧化铝企业，综合能耗应不大于《氧化铝单位产品能源消耗限额》（GB 25327—2017）中规定的能耗限额等级 2 级能耗值；以三水铝石矿为原料的氧化铝企业综合能耗应不大于《氧化铝单位产品能源消耗限额》（GB 25327—2017）中规定的能耗限额等级 1 级能耗值。 电解铝企业铝液综合交流电耗应不大于 13500kW·h/t（不含脱硫脱硝）。 再生铝企业吨铝综合能耗应低于 130kg 标准煤	按照 1kW·h 电力折 0.1229kg 标准煤的折标系数，对铝行业能源消耗提出如下规范指标。 铝土矿：铝土矿地下开采原矿综合能耗要低于吨矿 25kg 标准煤，露天开采原矿综合能耗要低于吨矿 13kg 标准煤。 氧化铝：新建拜耳法氧化铝生产系统综合能耗必须低于吨氧化铝 480kg 标准煤，新建利用高铝粉煤灰生产氧化铝系统综合能耗必须低于吨氧化铝 1900kg 标准煤（含副产品），其他工艺氧化铝生产系统综合能耗必须低于吨氧化铝 750kg 标准煤。现有拜耳法氧化铝生产系统综合能耗必须低于吨氧化铝 500kg 标准煤，其他工艺氧化铝生产系统综合能耗必须低于吨氧化铝 800kg 标准煤。 电解铝：新建和改造的电解铝铝液电解交流电耗必须低于吨铝 12750kW·h，铝锭综合交流电耗必须低于吨铝 13200kW·h，电流效率原则上不应低于 93%。现有电解铝企业铝液电解交流电耗必须低于吨铝 13350kW·h，铝锭综合交流电耗必须低于吨铝 13800kW·h，电流效率原则上不应低于 92%。 再生铝：再生铝生产系统，必须有节能措施，新建及改造再生铝项目综合能耗应低于吨铝 130kg 标准煤，现有再生铝企业综合能耗应低于吨铝 150kg 标准煤

续表5-4

对比内容	2020 版规范条件	2013 版规范条件
资源消耗及综合利用	铝土矿企业的开采回采率、选矿回收率和综合利用率等三项指标应符合原国土资源部颁布的《关于锰、铬、铝土矿、钨、钼、硫铁矿、石墨和石棉等矿产资源合理开发利用"三率"最低指标要求（试行）的公告》（2014 年第 31 号）中的相关要求。堆积型铝土矿生产单位产品取水量定额应满足《取水定额 第 17 部分：堆积型铝土矿生产》（GB/T 18916.17—2016）中规定的新建企业取水定额标准。鼓励贫富兼采及提高开采回采率、选矿回收率、综合利用率新技术应用。 利用铝硅比大于 7 的铝土矿生产氧化铝的企业，氧化铝综合回收率应达到 80% 以上；利用铝硅比不低于 5.5、不高于 7 的铝土矿原矿（或选精矿）生产氧化铝的企业，氧化铝综合回收率应达到 75% 以上；利用铝硅比小于 5.5 的矿石生产氧化铝的企业，应采用先进可靠技术尽可能提高氧化铝综合回收率。氧化铝生产单位产品取水量定额应满足《取水定额 第 12 部分：氧化铝生产》（GB/T 18916.12—2016）中规定的新建企业取水定额标准，工艺废水零排放。鼓励氧化铝企业利用提高资源利用率、降低能耗和碱消耗等新技术，加快多种形式赤泥综合利用技术的开发和产业化，逐步减少赤泥堆存量。 电解铝企业氧化铝单耗原则上应低于吨铝 1920kg，原铝液消耗氟化盐应低于吨铝 18kg，炭阳极净耗应低于吨铝 410kg，电解铝生产单位产品取水量定额应满足《取水定额 第 16 部分：电解铝生产》（GB/T 18916.16—2016）中规定的新建企业取水定额标准。鼓励电解铝企业大修渣、铝灰渣等综合利用及电解槽余热回收利用。 再生铝企业铝或铝合金的总回收率应在 95% 以上，鼓励铝灰渣资源化利用。循环水重复利用率在 98% 以上	铝土矿：铝土矿采矿损失率地下开采不超过 12%、露天开采不超过 8%；采矿贫化率地下开采不超过 10%、露天开采不超过 8%。禁止建设资源利用率低的铝土矿山及选矿厂。铝土矿的实际采矿损失率和选矿回收率分别不得超过和低于批准的矿产资源开发利用方案规定的指标及设计标准。 氧化铝：采用铝土矿铝硅比大于 7 的新建拜耳法氧化铝生产系统，氧化铝综合回收率应达到 80% 以上，鼓励增加赤泥综合处理回收技术及流程，进一步提高氧化铝的回收率并降低碱耗，吨氧化铝新水消耗应低于 3t，占地面积应小于吨氧化铝 0.5m²。新建其他工艺氧化铝生产系统氧化铝综合回收率应达到 90% 以上，吨氧化铝新水消耗应低于 /t，占地面积应小于吨氧化铝 1.2m²。新建利用高铝粉煤灰生产氧化铝系统氧化铝回收率应达到 85% 及以上，吨氧化铝新水消耗应低于 10t，占地面积应小于吨氧化铝 1.6m²（不包含固体废弃物堆存占地面积），硅钙渣等固体废弃物综合利用率必须达到 96% 以上。 对于现有氧化铝企业，使用矿石铝硅比在 5.5 以上的，氧化铝综合回收率应达到 75% 以上；使用矿石铝硅比在 5.5 及以下的氧化铝企业，应采用先进可靠技术对尾矿和赤泥进行综合利用，尽可能提高氧化铝综合回收率，降低碱耗和水耗。 电解铝：新建和改造的电解铝系统，氧化铝单耗原则上应低于吨铝 1920kg，原铝液消耗氟化盐原则上应低于吨铝 18kg，炭阳极净耗应低于吨铝 410kg，新水消耗应低于吨铝 3t，占地面积应小于吨铝 1.5m²。现有电解铝企业，氧化铝单耗原则上应低于吨铝 1920kg，原铝液消耗氟化盐原则上应低于吨铝 20kg，炭阳极净耗低于吨铝 420kg，新水消耗应低于吨铝 3t。现有企业要通过提高技术水平加强管理降低资源消耗，在"十二五"末达到新建企业标准。 再生铝：新建、改扩建废铝再生利用项目铝的总回收率在 95% 以上，现有废铝再生利用企业铝的回收率在 91% 以上。废铝再生利用企业应配备热灰处理设备，如热渣压制机、炒灰机、回转式热灰处理设备等，综合回收铝灰渣，最终废弃铝灰渣中铝含量在 3% 以下。废水循环利用率在 98% 以上

对比内容	2020 版规范条件	2013 版规范条件
环境保护	企业应取得生态环境主管部门的环境影响评价报告的批复并通过验收，应遵守环境保护相关法律、法规和政策，应建立、实施并保持满足 GB/T 24001—2016 要求的环境管理体系，并鼓励通过环境管理体系第三方认证。 铝土矿企业应按照《有色金属行业绿色矿山建设规范》（DZ/T 0320—2018）要求，开展绿色矿山建设，最大限度减少对自然环境的扰动和破坏，贯彻"边开采、边治理"的原则，编制矿山地质环境保护与土地复垦方案、矿山生态环境保护与恢复治理方案，切实履行矿山地质环境保护与土地复垦等责任义务，及时开展矿山生态环境治理和地质环境恢复，复垦矿山占用土地和损毁土地。 氧化铝、电解铝企业污染物排放应符合国家或地方相关排放标准要求，再生铝企业应符合《再生铜、铝、铅、锌工业污染物排放标准》（GB 31574—2015）的要求。企业污染物排放总量不超过生态环境主管部门核定的总量控制指标，重点区域内项目重点大气污染物排放应按照国家和地方有关规定执行，鼓励未在特别排放限值地区的项目执行相关特别排放限值标准（要求）。 氧化铝、电解铝企业应按《排污单位自行监测技术指南 有色金属工业》（HJ 989—2018）等相关标准规范开展自行监测。 企业须依法取得排污许可证后，方可排放污染物，并在生产经营中严格落实排污许可证规定的环境管理要求。固体废物贮存、利用、处置应当符合国家有关标准规范的要求，严格执行危险废物管理计划、申报登记、转移联单、经营许可等管理制度，并应通过全国固体废物管理信息系统如实填报固体废物产生、贮存、转移、利用、处置的相关信息，防止二次污染	铝土矿、氧化铝、电解铝及再生铝项目应严格执行建设项目环境影响评价管理制度，落实各项环境保护措施，生产项目未经环境保护部门验收不得正式投产。 铝土矿矿山开发要注重土地和环境保护，根据"边开采、边治理"的原则，严格执行矿山生态恢复治理保障金制度，编制矿山生态保护与治理恢复方案，并按照方案进行矿山生态、地质环境恢复治理和矿区土地复垦。 氧化铝、电解铝及再生铝企业污染物排放要符合国家《铝工业污染物排放标准》（GB 25465—2010），污染物达标排放，企业污染物排放总量不超过环保部门核定的总量控制指标。 企业要做到工业废水深度处理后循环利用，减少排放。电解铝项目氟排放量必须低于吨铝 0.6kg，氧化铝厂、电解铝厂、铝用炭素厂应按环保部门要求开展自行监测，在烟尘净化系统烟囱尾气排放点安装污染物自动监控设施，定期向社会公告自行监测结果；应对电解车间、焙烧车间天窗等部位定期进行无组织排放监测；新建及现有再生铝项目配套生产设备中需配备废铝熔炼烟气、粉尘高效处理装置，做到烟气、粉尘收集过滤后达标排放；同时对所产生的固体废弃物进行无害化处置，防止产生二次污染；对赤泥进行浸出毒性鉴别，如属于危险废物应严格执行危险废物管理相关规定，尚不能利用的赤泥需完全实现无害化处置

5.2.3 高耗能、高排放（"两高"）项目相关环保要求

为全面落实党的十九届五中全会关于加快推动绿色低碳发展的决策部署，坚决遏制"两高"项目盲目发展，推动绿色转型和高质量发展，生态环境部遵循坚持问题导向、严格环境准入、强化监管执法的思路，制定并发布了《关于加强高耗能、高排放建设项目生态环境源头防控的指导意见》，立足区域环评、规划环评、项目环评、排污许可、监督执法、督察问责"六位一体"全过程环境管理框架，引导"两高"项目低碳绿色转型发展。与电解铝相关的要求主要有：

（1）加强生态环境分区管控和规划约束：

1）深入实施"三线一单"。承接电解铝等产业转移地区应严格落实生态环境分区管控要求，将环境质量底线作为硬约束。

2）强化规划环评效力。各级生态环境部门应严格审查涉"两高"行业的有关综合性规划和工业、能源等专项规划环评，特别对为上马"两高"项目而修编的规划，在环评审查中应严格控制"两高"行业发展规模，优化规划布局、产业结构与实施时序。以"两高"行业为主导产业的园区规划环评应增加碳排放情况与减排潜力分析，推动园区绿色低碳发展。

（2）严格"两高"项目环评审批：

1）严把建设项目环境准入关。新建、改建、扩建"两高"项目须符合生态环境保护法律法规和相关法定规划，满足重点污染物排放总量控制、碳排放达峰目标、生态环境准入清单、相关规划环评和相应行业建设项目环境准入条件、环评文件审批原则要求。新建、扩建有色金属冶炼项目应布设在依法合规设立并经规划环评的产业园区。各级生态环境部门和行政审批部门要严格把关，对于不符合相关法律法规的，依法不予审批。

2）落实区域削减要求。新建"两高"项目应按照《关于加强重点行业建设项目区域削减措施监督管理的通知》要求，依据区域环境质量改善目标，制定配套区域污染物削减方案，采取有效的污染物区域削减措施，腾出足够的环境容量。

（3）推进"两高"行业减污降碳协同控制：

1）提升清洁生产和污染防治水平。新建、扩建"两高"项目应采用先进适用的工艺技术和装备，单位产品物耗、能耗、水耗等达到清洁生产先进水平，依法制定并严格落实防治土壤与地下水污染的措施。国家或地方已出台超低排放要求的"两高"行业建设项目应满足超低排放要求。鼓励使用清洁燃料。大宗物料优先采用铁路、管道或水路运输，短途接驳优先使用新能源车辆运输。

2）将碳排放影响评价纳入环境影响评价体系。各级生态环境部门和行政审批部门应积极推进"两高"项目环评开展试点工作，衔接落实有关区域和行业

碳达峰行动方案、清洁能源替代、清洁运输、煤炭消费总量控制等政策要求。在
环评工作中，统筹开展污染物和碳排放的源项识别、源强核算、减污降碳措施可
行性论证及方案比选，提出协同控制最优方案。鼓励有条件的地区、企业探索实
施减污降碳协同治理和碳捕集、封存、综合利用工程试点、示范。

5.2.4　专项方案及规划

5.2.4.1　《2030 年前碳达峰行动方案》的要求

为深入贯彻落实党中央、国务院关于碳达峰、碳中和倡议的决策，扎实推进
碳达峰行动，国务院于 2021 年 10 月印发了《2030 年前碳达峰行动方案》。

《方案》以"总体部署、分类施策，系统推进、重点突破，双轮驱动、两手
发力，稳妥有序、安全降碳"为工作原则，确定了"碳达峰十大行动"：能源绿
色低碳转型行动、节能降碳增效行动、工业领域碳达峰行动、城乡建设碳达峰行
动、交通运输绿色低碳行动、循环经济助力降碳行动、绿色低碳科技创新行动、
碳汇能力巩固提升行动、绿色低碳全民行动、各地区梯次有序碳达峰行动。各行
动方案中与清洁能源及电解铝相关的主要要求如下。

A　能源绿色低碳转型行动

能源是经济社会发展的重要物质基础，也是碳排放的最主要来源。要坚持安
全降碳，在保障能源安全的前提下，大力实施可再生能源替代，加快构建清洁低
碳、安全高效的能源体系。

推进煤炭消费替代和转型升级。加快煤炭减量步伐，"十四五"时期严格合
理控制煤炭消费增长，"十五五"时期逐步减少。严格控制新增煤电项目，新建
机组煤耗标准达到国际先进水平，有序淘汰煤电落后产能。

大力发展新能源。全面推进风电、太阳能发电大规模开发和高质量发展，坚
持集中式与分布式并举，加快建设风电和光伏发电基地。到 2030 年，风电、太
阳能发电总装机容量达到 12 亿千瓦以上。

因地制宜开发水电。积极推进水电基地建设，推动金沙江上游、澜沧江上
游、雅砻江中游、黄河上游等已纳入规划、符合生态保护要求的水电项目开工建
设，推进雅鲁藏布江下游水电开发，推动小水电绿色发展。推动西南地区水电与
风电、太阳能发电协同互补。统筹水电开发和生态保护，探索建立水能资源开发
生态保护补偿机制。"十四五""十五五"期间分别新增水电装机容量 4000 万千
瓦左右，西南地区以水电为主的可再生能源体系基本建立。

B　节能降碳增效行动

落实节约优先方针，完善能源消费强度和总量双控制度，严格控制能耗强
度，合理控制能源消费总量，推动能源消费革命，建设能源节约型社会。

实施重点行业节能降碳工程，推动电力、钢铁、有色金属、建材、石化化工

等行业开展节能降碳改造，提升能源资源利用效率。

C　工业领域碳达峰行动

工业是产生碳排放的主要领域之一，对全国整体实现碳达峰具有重要影响。工业领域要加快绿色低碳转型和高质量发展，力争率先实现碳达峰。

推动工业领域绿色低碳发展。优化产业结构，加快退出落后产能，大力发展战略性新兴产业，加快传统产业绿色低碳改造。促进工业能源消费低碳化，推动化石能源清洁高效利用，提高可再生能源应用比重，加强电力需求侧管理，提升工业电气化水平。深入实施绿色制造工程，大力推行绿色设计，完善绿色制造体系，建设绿色工厂和绿色工业园区。推进工业领域数字化、智能化、绿色化融合发展，加强重点行业和领域技术改造。

推动有色金属行业碳达峰。巩固化解电解铝过剩产能成果，严格执行产能置换，严控新增产能。推进清洁能源替代，提高水电、风电、太阳能发电等应用比重。加快再生有色金属产业发展，完善废弃有色金属资源回收、分选和加工网络，提高再生有色金属产量。加快推广应用先进适用绿色低碳技术，提升有色金属生产过程余热回收水平，推动单位产品能耗持续下降。

坚决遏制"两高"项目盲目发展。采取强有力措施，对"两高"项目实行清单管理、分类处置、动态监控。全面排查在建项目，对能效水平低于本行业能耗限额准入值的，按有关规定停工整改，推动能效水平应提尽提，力争全面达到国内乃至国际先进水平。科学评估拟建项目，对产能已饱和的行业，按照"减量替代"原则压减产能；对产能尚未饱和的行业，按照国家布局和审批备案等要求，对标国际先进水平提高准入门槛；对能耗量较大的新兴产业，支持引导企业应用绿色低碳技术，提高能效水平。深入挖潜存量项目，加快淘汰落后产能，通过改造升级挖掘节能减排潜力。强化常态化监管，坚决拿下不符合要求的"两高"项目。

D　交通运输绿色低碳行动

构建绿色高效交通运输体系。大力发展以铁路、水路为骨干的多式联运，推进工矿企业、港口、物流园区等铁路专用线建设，加快内河高等级航道网建设，加快大宗货物和中长距离货物运输"公转铁""公转水"。

5.2.4.2　《"十四五"节能减排综合工作方案》的要求

为大力推动节能减排，深入打好污染防治攻坚战，加快建立、健全绿色低碳循环发展经济体系，推进经济社会发展全面绿色转型，助力实现碳达峰、碳中和目标，国务院于2021年12月印发了《"十四五"节能减排综合工作方案》。

《方案》总体要求为：以习近平新时代中国特色社会主义思想为指导，全面贯彻党的十九大和十九届历次全会精神，深入贯彻习近平生态文明思想，坚持稳中求进工作总基调，立足新发展阶段，完整、准确、全面贯彻新发展理念，构建新发展格局，推动高质量发展，完善实施能源消费强度和总量双控（能耗双控）、主要污染物排放总量控制制度，组织实施节能减排重点工程，进一步健全节能减排政策机制，推动能源利用效率大幅提高、主要污染物排放总量持续减少，实现节能降碳减污协同增效、生态环境质量持续改善，确保完成"十四五"节能减排目标，为实现碳达峰、碳中和目标奠定坚实基础。

《方案》确定的主要目标为：到 2025 年，全国单位国内生产总值能源消耗比 2020 年下降 13.5%，能源消费总量得到合理控制，节能减排政策机制更加健全，重点行业能源利用效率和主要污染物排放控制水平基本达到国际先进水平，经济社会发展绿色转型取得显著成效；部署了十大重点工程，各重点工程中与电解铝项目相关的主要有：

（1）重点行业绿色升级工程。以钢铁、有色金属、建材、石化化工等行业为重点，推进节能改造和污染物深度治理。"十四五"时期，规模以上工业单位增加值能耗下降 13.5%，万元工业增加值用水量下降 16%。到 2025 年，通过实施节能降碳行动，钢铁、电解铝、水泥、平板玻璃、炼油、乙烯、合成氨、电石等重点行业产能和数据中心达到能效标杆水平的比例超过 30%。

（2）交通物流节能减排工程。加快大宗货物和中长途货物运输"公转铁""公转水"，大力发展铁水、公铁、公水等多式联运。全面实施汽车国六排放标准和非道路移动柴油机械国四排放标准，基本淘汰国三及以下排放标准汽车。深入实施清洁柴油机行动，鼓励重型柴油货车更新替代。

此外，《方案》要求坚决遏制高耗能高排放项目盲目发展。根据国家产业规划、产业政策、节能审查、环境影响评价审批等政策规定，对在建、拟建、建成的"两高"开展评估检查，建立工作清单，明确处置意见，严禁违规"两高"项目建设、运行，坚决拿下不符合要求的"两高"项目。加强对"两高"项目节能审查、环境影响评价审批程序和结果执行的监督评估，对审批能力不适应的依法依规调整上收审批权。

5.2.4.3 《高耗能行业重点领域节能降碳改造升级实施指南（2022 年版）》的要求

为推动各有关方面科学做好重点领域节能降碳改造升级，国家发改委、工信部、生态环境部、国家能源局等 4 部门于 2022 年 2 月联合印发了《高耗能行业重点领域节能降碳改造升级实施指南（2022 年版）》，包括 17 个行业，其中，有色金属中与电解铝相关的内容如下：

（1）推广应用先进适用技术。电解铝领域重点推动电解铝新型稳流保温铝电解槽节能改造、铝电解槽大型化、电解槽结构优化与智能控制、铝电解槽能量流优化及余热回收等节能低碳技术改造，鼓励电解铝企业提升清洁能源消纳能力。

（2）合理压减终端排放。结合电解铝冶炼工艺特点、实施节能降碳和污染物治理协同控制。围绕赤泥，以及铝灰、大修渣等固体废物，积极开展无害化处置利用技术开发和推广。推动实施铝灰资源化、赤泥制备陶粒、赤泥生产复合材料、赤泥高性能掺合料、电解铝大修渣资源化及无害化处置等先进适用技术改造，提高固废处置利用规模和能力。

（3）工作目标。到2025年，通过实施节能降碳技术改造，铝等重点产品能效水平进一步提升。电解铝能效标杆水平以上产能比例达到30%，能效基准水平以下产能基本清零。

5.2.4.4 《高耗能行业重点领域能效标杆水平和基准水平（2021年版）》的要求

国家发改委、工信部、生态环境部、市场监管总局、国家能源局等五部门于2021年11月发布了了《高耗能行业重点领域能效标杆水平和基准水平（2021年版）》，以分类推动项目提效达标、限期分批改造升级和淘汰、完善相关配套支持政策。

该文件参考国家现行单位产品能耗限额标准的先进值和准入值、限定值，根据行业实际、发展预期、生产装置整体能效等方面，制定了铝冶炼等17个行业的能耗水平。其中，电解铝铝液交流电耗标杆水平为13000kW·h/t，基准水平为13350kW·h/t。

5.2.4.5 《中国制造2025》的要求

制造业是国民经济的主体，是科技创新的主战场，是立国之本、兴国之器、强国之基。国务院于2015年5月印发了我国实施制造强国战略第一个十年的行动纲领《中国制造2025》。其中，战略任务和重点内容中与电解铝相关的主要要求有：

（1）加快制造业绿色改造升级。全面推进钢铁、有色、化工、建材、轻工、印染等传统制造业绿色改造，大力研发推广余热余压回收、水循环利用、重金属污染减量化、有毒有害原料替代、废渣资源化、脱硫脱硝除尘等绿色工艺技术装备，加快应用清洁高效铸造、锻压、焊接、表面处理、切削等加工工艺，实现绿色生产。

（2）推进资源高效循环利用。支持企业强化技术创新和管理，增强绿色精益制造能力，大幅降低能耗、物耗和水耗水平。持续提高绿色低碳能源使用比率，开展工业园区和企业分布式绿色智能微电网建设，控制和削减化石能源消费量。全面推行循环生产方式，促进企业、园区、行业间链接共生、原料互供、资源共享。推进资源再生利用产业规范化、规模化发展，强化技术装备支撑，提高大宗工业固体废弃物、废旧金属、废弃电器电子产品等综合利用水平。大力发展再制造产业，实施高端再制造、智能再制造、在役再制造，推进产品认定，促进再制造产业持续健康发展。

《中国制造2025》确定了五大重点工程,其中,绿色制造工程中与电解铝相关的内容有:组织实施传统制造业能效提升、清洁生产、节水治污、循环利用等专项技术改造。开展重大节能环保、资源综合利用、再制造、低碳技术产业化示范。实施重点区域、流域、行业清洁生产水平提升计划,扎实推进大气、水、土壤污染源头防治专项。制定绿色产品、绿色工厂、绿色园区、绿色企业标准体系,开展绿色评价。到2020年,建成千家绿色示范工厂和百家绿色示范园区,部分重化工行业能源资源消耗出现拐点,重点行业主要污染物排放强度下降20%。到2025年,制造业绿色发展和主要产品单耗达到世界先进水平,绿色制造体系基本建立。

5.2.4.6 《"十四五"原材料工业发展规划》的要求

2021年12月,工信部、科技部、自然资源部等三部委联合发布了《"十四五"原材料工业发展规划》。《规划》总结了原材料工业"十三五"以来取得的成绩,其中,粗钢、精炼铜、电解铝、甲醇、尿素、水泥、平板玻璃等产量连续多年保持世界第一。材料种类更加丰富,钢材、铝材、光伏玻璃等自给率超过98%,基本满足了国民经济和国防军工需求。结构调整取得新进展。产能严重过剩行业总量供需基本恢复平衡,严控电解铝、水泥产能取得明显成效。绿色转型呈现新面貌。原铝综合交流电耗比世界平均水平低6.9%。

《规划》按"创新引领、市场主导、供需协调、绿色安全"的基本原则,确定了到2025年的发展目标:供给高端化水平不断提高、结构合理化水平持续改善、发展绿色化水平大幅提升、产业数字化转型效应凸显、体系安全化基础更加扎实。其中与电解铝相关的目标有:钢铁、有色金属、建材等重点行业能源消耗总量、碳排放总量控制取得阶段性成果,电解铝碳排放下降5%。重点行业单位产值污染物排放强度、总量实现双下降,各行业实现稳定达标排放,新建项目满足超低排放标准。工业废渣等固体废物综合利用率进一步提高。

围绕目标,《规划》提出了高端化、合理化、绿色化、数字化、安全化等"五化"重点任务。其中,与电解铝相关的内容有:

(1)攻克关键技术。推动低品位复杂矿石高效分选及预选、尾矿及赤泥高效综合利用、含氟含砷等有害成分的危废无害化处置。

(2)突破关键材料。实施大宗基础材料巩固提升行动。引导企业提升先进制造基础零部件用钢、高强铝合金等综合竞争力。

(3)严控新增产能。完善并严格落实钢铁、水泥、平板玻璃、电解铝行业产能置换相关政策,防止铜冶炼、氧化铝等盲目无序发展,新建、改扩建项目必须达到能耗限额标准先进值、污染物超低排放值。严禁新建《产业结构调整指导目录》中限制类和淘汰类项目。

（4）优化新建产能布局。促进电解铝行业布局由"煤—电—铝"向"水电、风电等清洁能源—铝"转移，推动原材料领域国家新型工业化产业示范基地建设，促进产业集聚向集群转型升级。聚焦产业基础好、比较优势突出、技术领先的行业细分领域或重点产品，发挥产业链龙头企业引领带头作用，推动要素聚集和价值提升，强化专业化协作和配套能力，打造一批石化化工、钢铁、有色金属、稀土、绿色建材、新材料产业集群。及时发布产能预警，防止地方盲目重复建设。

（5）推进产业协同，扩大中高端材料内需。面向新型基础设施建设、高端装备、新型城镇化建设、交通水利等重大工程建设和人民美好生活要求，挖掘高性能铝材等高端材料消费潜能。

（6）加快产业发展绿色化，积极实施节能低碳行动。围绕碳达峰、碳中和目标节点，强化碳效率发展理念，全面实施碳减排行动，将碳排放纳入环境影响评价，发挥减污降碳协同效应。制订石化化工、钢铁、有色金属、建材等重点行业碳达峰实施方案，确保 2030 年前实现达峰，鼓励有条件的行业、企业率先达峰。支持企业实施原料、燃料替代，加快推进工业煤改电、煤改气，提高可再生资源和清洁能源使用比例。严格落实钢铁、水泥、电解铝等重点行业阶梯电价政策，完善有利于绿色低碳发展的差别化电价政策。有色金属行业推广高电流密度、低能耗铝电解。

（7）推进超低排放和清洁生产。研究推动化工、焦化、电解铝等重点行业实施超低排放。推动石化化工、有色金属、等重点行业制订清洁生产改造提升计划，创新原材料重点行业清洁生产推行模式。无害化处理铝灰等危险废物。支持企业研究开发、推广应用减少工业固废产生量和降低工业固废危害性的生产工艺和设备。强化产品全生命周期绿色发展理念，大力推广绿色工艺和绿色产品。

保障战略资源安全。到 2025 年，大幅提高铁金属国内自给率，再生铜、铝产量比例分别达到 35%、20%。

5.2.4.7 《中共中央 国务院关于深入打好污染防治攻坚战的意见》的要求

为进一步加强生态环境保护，深入打好污染防治攻坚战，《中共中央 国务院关于深入打好污染防治攻坚战的意见》于 2021 年 11 月 2 日正式印发。《意见》以习近平新时代中国特色社会主义思想为指导，全面贯彻党的十九大和十九届二中、三中、四中、五中全会精神，深入贯彻习近平生态文明思想，坚持以人民为中心的发展思想，立足新发展阶段，完整、准确、全面贯彻新发展理念，构建新发展格局，以实现减污降碳协同增效为总抓手，以改善生态环境质量为核心，以精准治污、科学治污、依法治污为工作方针，统筹污染治理、生态保护、应对气候变化，保持力度、延伸深度、拓宽广度，以更高标准打好蓝天、碧水、净土保卫战，以高水平保护推动高质量发展、创造高品质生活，努力建设人与自然和谐共生的美丽中国。

《意见》的主要目标为：到2025年，生态环境持续改善，主要污染物排放总量持续下降，单位国内生产总值二氧化碳排放比2020年下降18%，地级及以上城市细颗粒物（$PM_{2.5}$）浓度下降10%，空气质量优良天数比率达到87.5%，重污染天气、城市黑臭水体基本消除，土壤污染风险得到有效管控，固体废物和新污染物治理能力明显增强，生态系统质量和稳定性持续提升，生态环境治理体系更加完善，生态文明建设实现新进步。到2035年，广泛形成绿色生产生活方式，碳排放达峰后稳中有降，生态环境根本好转，美丽中国建设目标基本实现。

《意见》要求，以能源、工业、城乡建设、交通运输等领域和钢铁、有色金属、建材、石化化工等行业为重点，深入开展碳达峰行动。坚决遏制高耗能、高排放项目盲目发展。严把高耗能、高排放项目准入关口，严格落实污染物排放区域削减要求，对不符合规定的项目坚决停批停建。依法依规淘汰落后产能和化解过剩产能。着力打好重污染天气消除攻坚战。聚焦秋冬季细颗粒物污染，加大重点区域、重点行业结构调整和污染治理力度。加快大宗货物和中长途货物运输"公转铁""公转水"，大力发展公铁、铁水等多式联运。

5.2.4.8 《加快推动工业资源综合利用实施方案》的要求

工信部、国家发改委、科技部、财政部、自然资源部、生态环境部、商务部、国家税务总局等八部门于2022年1月印发了《加快推动工业资源综合利用实施方案》。《方案》中与电解铝相关的内容主要有：

（1）主要目标。到2025年，钢铁、有色、化工等重点行业工业固废产生强度下降，大宗工业固废的综合利用水平显著提升，再生资源行业持续健康发展，工业资源综合利用效率明显提升。力争大宗工业固废综合利用率达到57%，其中，冶炼渣达到73%，赤泥综合利用水平有效提高。主要再生资源品种利用量超过4.8亿吨，其中废有色金属2000万吨。工业资源综合利用法规政策标准体系日益完善，技术装备水平显著提升，产业集中度和协同发展能力大幅提高，努力构建创新驱动的规模化与高值化并行、产业循环链接明显增强、协同耦合活力显著激发的工业资源综合利用产业生态。

（2）优化产业结构推动固废源头减量。严控新增钢铁、电解铝等相关行业产能规模。有色行业着力提高再生铜、铝、锌等供给。

（3）提升再生资源利用价值。着力延伸再生资源精深加工产业链条，促进钢铁、铜、铝等战略性金属废碎料的高效再生利用，提升再生资源高值化利用水平。有序推进高端智能装备再制造。

5.2.4.9 《"十四五"土壤、地下水和农村生态环境保护规划》的要求

据生态环境部有关负责人就《"十四五"土壤、地下水和农村生态环境保护规划》答记者问，土壤、地下水和农业农村生态环境保护关系米袋子、菜篮子、水缸子安全，关系美丽中国建设。土壤、地下水和农业农村污染防治与美丽中国

目标要求还有不小差距，到 2035 年实现土壤和地下水环境质量稳中向好的目标任务异常艰巨。

为贯彻落实《中共中央 国务院关于深入打好污染防治攻坚战的意见》，生态环境部、发改委、财政部、自然资源部、住房和城乡建设部、水利部、农业农村部组织编制并于 2021 年 12 月印发了《"十四五"土壤、地下水和农村生态环境保护规划》。《规划》分别从土壤、地下水、农业农村污染防治，监管能力提升等 4 个方面，对"十四五"具体任务进行设计和部署。推进土壤污染防治，包括加强耕地污染源头控制、防范工矿企业新增土壤污染、深入实施耕地分类管理、严格建设用地准入管理、有序推进建设用地土壤污染风险管控与修复、开展土壤污染防治试点示范等。加强地下水污染防治，包括建立地下水污染防治管理体系、加强污染源头预防、风险管控与修复、强化地下水型饮用水水源保护等。

电解铝厂存在氟化物在周边土壤中的累积影响，且涉及部分危险废物的安全填埋，《规划》中电解铝有关的内容有：

（1）防范工矿企业新增土壤污染。严格建设项目土壤环境影响评价制度。对涉及有毒有害物质可能造成土壤污染的新（改、扩）建项目，依法进行环境影响评价，提出并落实防腐蚀、防渗漏、防遗撒等土壤污染防治具体措施。

（2）加强污染源头预防、风险管控与修复。开展地下水污染状况调查评估。开展"一企一库""两场两区"（化学品生产企业、尾矿库、危险废物处置场、垃圾填埋场、化工产业为主导的工业集聚区、矿山开采区）地下水污染调查评估。

（3）落实地下水防渗和监测措施。督促"一企一库""两场两区"采取防渗漏措施，按要求建设地下水环境监测井，开展地下水环境自行监测。指导地下水污染防治重点排污单位优先开展地下水污染渗漏排查，针对存在问题的设施，采取污染防渗改造措施。地方生态环境部门开展地下水污染防治重点排污单位周边地下水环境监测。

（4）实施地下水污染风险管控。针对存在地下水污染的化工产业为主导的工业集聚区、危险废物处置场和生活垃圾填埋场等，实施地下水污染风险管控，阻止污染扩散，加强风险管控后期环境监管。试点开展废弃矿井地下水污染防治、原地浸矿地下水污染风险管控，探索油气采出水回注地下水污染防治措施。

（5）探索开展地下水污染修复。土壤污染状况调查报告、土壤污染风险管控或修复方案等，应依法包括地下水相关内容，存在地下水污染的，要统筹推进土壤和地下水污染风险管控与修复。针对迁移性强的重金属、有机污染物等，兼顾不同水文地质条件，选择适宜的修复技术，开展地下水污染修复试点，形成一批可复制、可推广的技术模式。

6 云南省水电铝产业发展历程

云南省拥有丰厚的矿产资源家底，全省已发现各类矿产 157 种，占全国已发现矿种的 91.0%，82 种矿产资源储量居全国前十，矿业经济在服务全省经济社会发展方面发挥着重要作用。云南省素有"有色金属王国"的美誉，有色金属资源丰富，经过多年发展，已初步形成了全国重要的有色金属生产基地。根据国民经济统计年鉴统计结果，2004—2021 年间，云南省十种有色金属产品产量占全国十种有色金属产量的 6% ~ 10.8%（见图 6-1）。

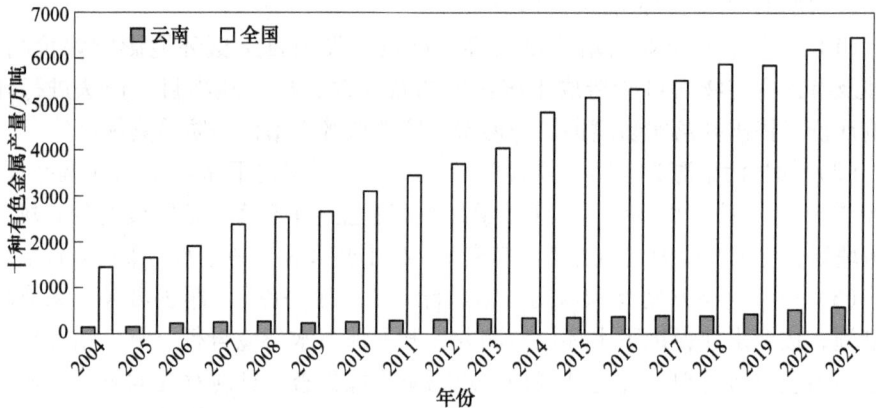

图 6-1   2004—2021 年全国及云南省十种有色金属产量分布图

云南省能源资源丰富，水能、煤炭等资源位居全国前列，既是能源生产大省，也是绿色能源大省。2015—2021 年全国及云南省总发电量及水电情况见表6-1 和图 6-2。

表 6-1   2015—2021 年全国及云南省电力生产情况一览表 （亿千瓦时）

年份	2015	2016	2017	2018	2019	2020	2021
全国发电量	58145.73	61331.60	66044.47	71661.33	75034.08	77790.60	85342.5
全国火电	42420.71	44370.68	47545.95	50963.18	52201.48	53302.48	58058.7
全国水电	11302.70	11840.48	11978.65	12317.87	13044.38	13552.09	13390.0
云南发电量	2553.37	2692.54	2955.06	3240.99	3465.63	3674.44	3434.25
云南水电	2177.57	2278.15	2493.43	2698.48	2855.85	2959.99	2716.27

注：数据来源于国家统计局统计年鉴。

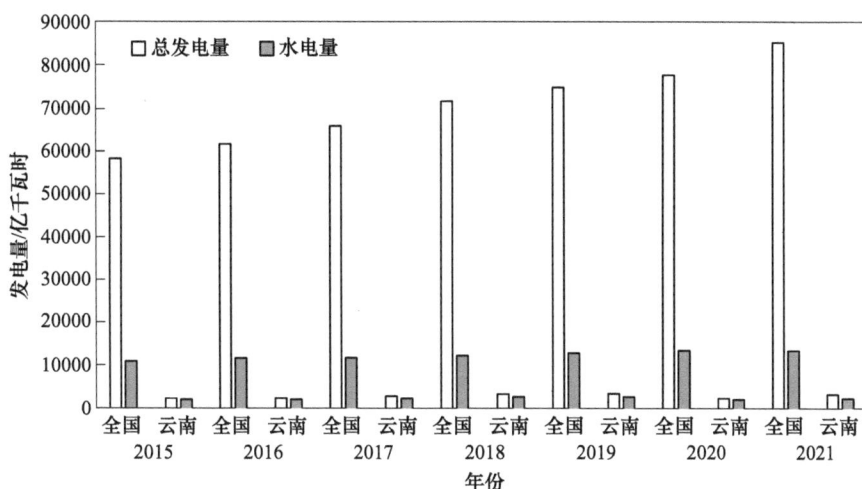

图 6-2　2015—2021 年全国及云南省电力生产情况

　　党的十八大以来，云南省深入实施绿色能源强省战略，着力将云南省得天独厚的能源资源优势转化为产业优势、经济优势和发展优势，持续推动做大做强做优能源产业，2019 年能源产业跃升为云南省的第一支柱产业。按照国家产业发展战略布局，自 2016 年起，云南省充分发挥绿色能源优势，适度承接了高水平的、符合环保和能效标准的绿色铝产业转移，推动绿色能源与绿色制造深度融合发展，一批行业头部企业向云南集中，规模优势已经初步形成。新建电解铝项目工艺装备、能效水平处于国内标杆、国际一流水平，形成了相对完整的产学研体系。

　　云南省电解铝生产起步于 1970 年，发展至今已有 50 多年，产能已跃居全国前列。发展历程可总结为奋进起步、发展壮大、高质量发展三个阶段。

6.1　奋进起步阶段（1970—2002 年）

　　云南省电解铝产业发展起步于 20 世纪 70 年代，根据云南铝业股份有限公司官网资料，云南铝厂土建工程于 1970 年破土动工，1972 年产出第一批铝锭。

　　根据云南省统计年鉴，1990 年全省十种有色金属产量为 21.73 万吨，其中原铝产量仅 1.36 万吨，在十种有色金属产量中占比不足 10%；1995 年原铝产量为 4.79 万吨，1996 年突破 10 万吨至 11.29 万吨，1999 年，云南铝厂跃升为全国十大重点铝企业。

　　2003 年以前，云南省原铝产量一直在 17 万吨以下，在十种有色金属产量中占比不足 20%（见表 6-2 和图 6-3）。

表 6-2　云南省 1990—2021 年十种有色金属及铝产量一览表

年份	十种有色金属产量/万吨	铝产量/万吨
1990	21.73	1.36
1995	40.67	4.79
1996	64.51	11.29
1997	74.85	13.83
1998	83.58	15.70
1999	64.51	11.29
2000	74.85	13.83
2001	83.58	15.70
2002	89.57	16.39
2003	96.96	16.66
2004	129.42	25.88
2005	147.44	39.26
2006	206.85	46.57
2007	233.77	57.87
2008	240.34	67.61
2009	215.80	60.75
2010	240.34	67.61
2011	270.79	88.32
2012	286.46	89.47
2013	300.42	93.65
2014	320.43	100.01
2015	332.83	120.03
2016	355.48	128.46
2017	372.73	129.23
2018	356.48	131.44
2019	405.08	150.61
2020	511.41	259.21
2021	571.55	331.25

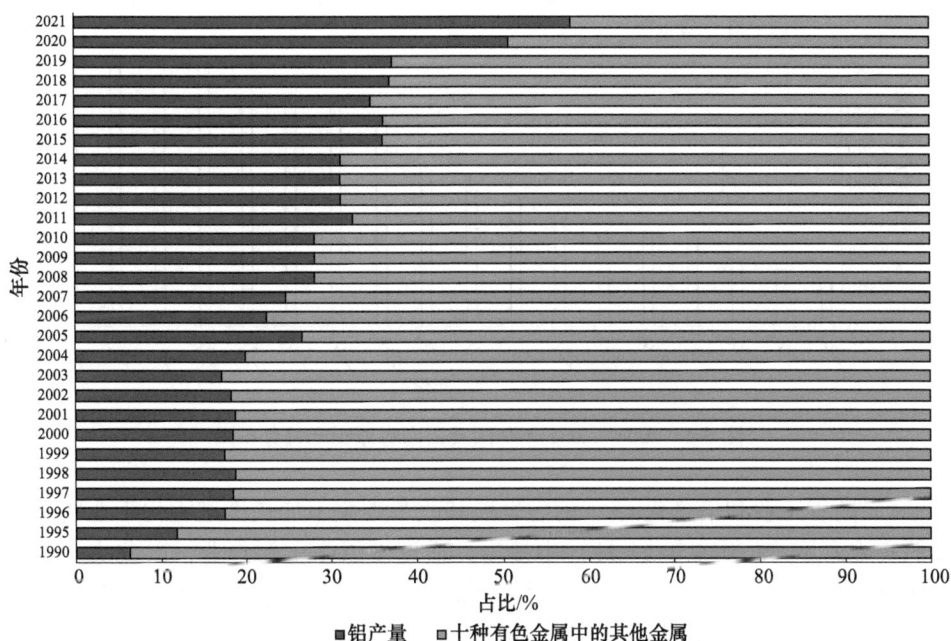

图 6-3 云南省 1990—2021 年原铝产量在十种有色金属中的占比

6.2 发展壮大阶段（2003—2015 年）

2003—2015 年，云南省电解铝产业蓬勃发展，建成了一批电解铝企业，根据云南省工信厅关于电解铝企业年度资源能源消耗情况的通报，2016 年以前，云南省纳入统计通报范围的电解铝生产企业有 8 家，分别为云南铝业股份有限公司、云南云铝润鑫铝业有限责任公司、云南云铝涌鑫铝业有限公司、云南云铝泽鑫铝业有限公司、云南东源煤业集团曲靖铝业有限公司、东川铝业有限责任公司、云南省盈江星云有限公司、云南省楚雄滇中铝业有限公司。

根据云南省工信厅关于电解铝企业年度资源能源消耗情况的通报及云南省统计年鉴，截至 2015 年，云南省电解铝产能为 135.4 万吨，产量为 120.03 万吨，占十种有色金属产量的 36.06%（见图 6-3）。

从全国原铝产量分布情况来看，2004—2015 年间，云南省原铝产量占全国的比例在 3.47%~5.14%波动（见图 6-4）。

云南省人民政府办公厅于 2014 年 4 月印发了《关于加快产业转型升级促进经济平稳较快发展的意见》，明确提出促进产业结构优化升级，加快实施一批产业升级关键项目，积极发展以水电铝为重点的清洁载能产业。

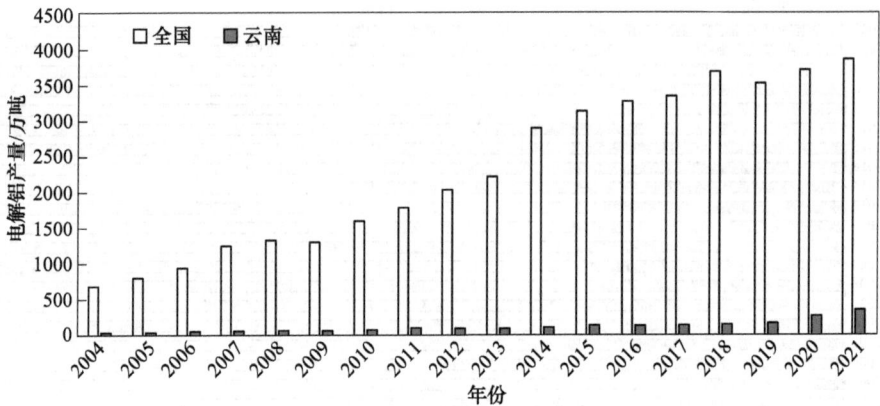

图 6-4　2004—2021 年全国及云南省原铝产量分布图

　　《云南省工业和信息化委 云南省发展和改革委关于加快推进重化工业转型升级的实施意见》（2014 年 11 月）中提出，适度发展水电铝产业，以龙头企业为主体整合全省铝土矿资源，并以先进成熟的铝土矿开发和氧化铝生产工艺技术装备，进一步提高周边及省内铝土矿开发和氧化铝生产能力，加快"桂铝入滇"步伐，推进氧化铝基地建设，强化水电铝产业发展原料保障基础。进一步构建和完善水电清洁能源就地转化利用市场化价格机制，引导国内电解铝产能和精深加工技术资本有序向云南转移，推动铝电一体化发展。

6.3　高质量发展阶段（2016 年至今）

　　2014 年 8 月 3 日昭通鲁甸发生了 6.5 级地震，为全面做好灾后恢复重建工作，国务院印发了《鲁甸地震灾后恢复重建总体规划》。《规划》支持灾区发挥水电资源优势，推进冶电联营，合理布局水电铝等清洁载能产业。地震发生后，昭通坚持把恢复重建作为最大的民生工程，70 万吨水电铝等重点工业项目落地建设。

　　此后，依托云南省优势的水电资源，在进一步发展壮大云南铝业股份有限公司（以下简称"云铝股份"）的基础上，先后引入了神火、其亚、魏桥等集团公司，高标准、严要求建设了一批绿色水电铝项目。根据云南省统计局资料，云南省 2021 年产量为 331.25 万吨，原铝产量占全国的 8.6%（见图 6-4）。据百川盈孚统计资料，云南省 2021 年建成产能位列全国第四（见图 6-5）。

6.3.1　发展背景

　　根据《云南省能源发展规划（2016—2020 年）》，"十二五"期间，云南省

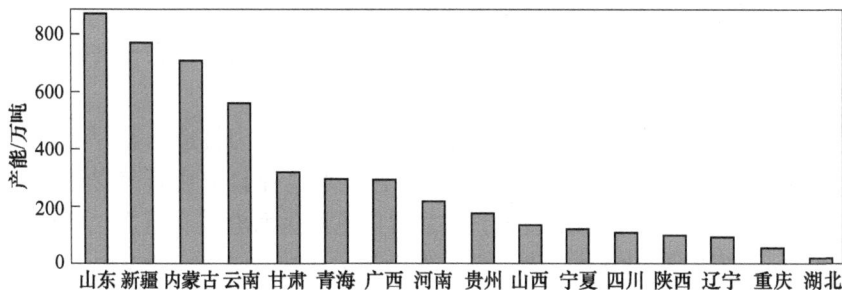

图 6-5　2021 年全国各省、自治区、直辖市电解铝产能分布图

能源结构调整步伐加快，水电和新能源生产比重明显提高，电力装机规模达到 8000 万千瓦，较"十一五"末翻一番；风能、太阳能等新能源电力装机 780 万千瓦，是 2010 年的 23 倍；2015 年发电量 2553 亿千瓦时，是 2010 年的 2.2 倍。但是，能源发展快于经济增长，能源产业"单兵突进"，与经济社会协同度有待提高，主要表现有：大江干流水电进入集中投产期，与需求滞后、送出通道不足等因素叠加，水电汛期弃水问题突出，2013 年以后弃水问题突出，2014 年、2015 年弃水电量分别为 173 亿千瓦时、153 亿千瓦时，能源发展重开发轻利用、重投资轻质量效益情况比较普遍。

国家发改委、国家能源局也于 2017 年 10 月发布《关于促进西南地区水电消纳的通知》，明确要求云南省政府有关部门要结合电力供需形势，优化两省电力"十三五"发展目标，科学安排在建项目开发时序，保持水电、风电、太阳能等合理发展规模，力争"十三五"后期不再新增弃水问题；并鼓励云南等省利用富余水电边际成本低的优势，积极开展水电与载能企业专线供电试点，增加本地消纳和外送。

随着"一带一路"、长江经济带发展等国家倡议及战略的深入实施，特别是习近平总书记考察云南时，要求云南主动服务和融入国家发展战略，建设我国民族团结进步示范区、生态文明建设排头兵和面向南亚、东南亚辐射中心，实现跨越式发展。同时，按照党的十八届五中全会提出的创新、协同、绿色、开放、共享发展理念，在全国绿色发展对清洁能源需求逐渐增强的背景下，为改变清洁能源资源丰富、载能产业弱小的局面，加快能源优势向产业优势转化，云南省委、省政府旗帜鲜明地提出了打造世界一流"绿色能源牌"的目标。

《云南澜沧江开发开放经济带发展规划（2015—2020 年）》提出，用新技术、新工艺、新装备，加快推进清洁载能及原材料加工业转型升级，合理布局矿冶生产力，利用资源优势就地发展水电铝等产业；加强区域内能源合作，实现能源资源优化配置和优势互补。发展水电铝及深加工等载能产业，加强矿产资源精深加工合作。

《云南金沙江开放合作经济带发展规划（2016—2020 年）》提出，培育优势工业，推进水电铝一体化等清洁载能产业适度发展。

《云南省人民政府关于贯彻落实国务院深化泛珠三角区域合作文件的实施意见》中明确提出，打造清洁能源及载能产业集群。

《2018年政府工作报告》提出大力培育新动能，全力打造世界一流的"绿色能源"，做优做强绿色能源产业，紧扣把绿色能源产业打造成云南省重要支柱产业的目标，加快建设干流水电基地，加强省内电网、西电东送通道、境外输电项目建设，拓展省内外和境外电力市场。下大气力解决"弃水""弃电"问题，在保护环境的前提下，推进水电铝材一体化发展，培育和引进行业领军企业，着力发展新材料、改性材料和材料深加工，延长产业链。

6.3.2　全力打造"绿色能源牌"

《2019年政府工作报告》总结提出，2018年大力发展八大重点产业和打造世界一流"三张牌"，构建迭代产业体系初见成效。绿色能源装机比重达84%，新增油气管道460km，天然气消费量增长30%，一批水电铝材、水电硅材、纯电动汽车项目落地开工建设；并提出2019年要重点做好的工作为：全力打造世界一流"绿色能源牌"，完成能源产业增加值1200亿元以上。统筹谋划推进绿色能源开发、就地消纳、全产业链发展。加快发展新能源，推动蓄能电站建设，着力解决丰枯问题。加快昭通页岩气勘探开发利用。深化电力体制改革，在服从国家大局前提下，大幅提高云电自用比例，争取年内市场化交易电量达到1000亿千瓦时。建设清洁载能产业园区。加快水电铝材一体化发展，确保水电铝材一体化在建项目全部投产，大力引进技术装备先进、研发能力强的铝材加工企业。

《2020年政府工作报告》总结提出，2019年以来，全力打造"绿色能源牌"，绿色铝创新产业园等一批重大项目落地投产，绿色铝材等产业快速发展，省内用电量占比提升到52.3%；并提出2020年要重点做好的工作为：打造世界一流"三张牌"要取得更大突破。持续打造"绿色能源牌"，发展一批绿色铝材、绿色硅材精深加工一体化产业基地，发展高科技产业，建设一批智能科技小镇，抢占行业制高点。

《2021年政府工作报告》总结提出，2020年以来，深入打造世界一流"三张牌"，产业结构发生重大变化。电力装机总量迈上1亿千瓦新台阶。一批绿色铝硅项目陆续建成投产，省内自用电量比例首次超过外送电量；并提出2021年要重点做好的工作为：打造世界一流"三张牌"新优势。持续打造绿色能源牌，做好"材"字大文章。加快国家大型水电基地建设，推进800万千瓦风电和300万千瓦光伏项目建设，培育氢能和储能产业，发展"风光水储"一体化，可再生能源装机达到9500万千瓦左右，完成发电量4050亿千瓦时。能源行业增加值增长11%以上。加快建设绿色制造强省，打造"中国铝谷"和"世界光伏之都"，绿色铝硅产值突破 1000 亿元。

《2022 年政府工作报告》总结提出，"十四五"实现了良好开局，产业发展加快转型、绿色崛起。绿色能源装机突破 9500 万千瓦，绿色发电量 3309.85 亿千瓦时，建成绿色铝产能 538 万吨，绿色铝硅成长为新的千亿级产业，能源工业增加值增长 11.2%；并提出 2022 年要重点抓好的工作包括：深入推进产业延链补链强链，塑造绿色发展新优势。实施产业强省三年行动，按照建立一个工作专班、制订一个行动计划、完善一套政策的推进机制发展重点产业。推进绿色能源和绿色制造深度融合。加快"风光水火储"多能互补基地建设，加强数字电网建设，构建以新能源为主体的新型电力系统。新增新能源装机 1100 万千瓦以上、力争开工 2000 万千瓦，推动 480 万千瓦火电装机项目开工建设。再引进一批绿色铝硅引领性精深加工企业，加快打造中国绿色铝谷。

6.3.3 "绿色能源牌"打造成效

"十三五"期间，云南推动工业绿色转型，绿色能源跃居为云南第一支柱产业，绿色铝硅产业快速发展，单位地区生产总值能耗下降 14.56%，碳排放强度降低 24.72%。云南省产业结构调整实现历史性突破，工业"一烟独大"的格局发生根本性改变，工业结构转变为烟草和能源两大支柱产业双驱动。绿色铝等先进制造业快速发展，电力发展告别"水电弃水"时代，省内用电规模首次超过外送规模，绿色能源强省正在形成。通过培育和引领行业领军企业，丰富的清洁能源逐步转化为产业优势，绿色铝材迎来快速发展，成长为新的千亿级产业，已逐步成为云南制造新优势，中国绿色铝谷已初具雏形。

云南始终坚持生态优先、绿色发展，绿色能源成为彩云之南的靓丽名片。云南大力发展水电、风电、光伏等清洁可再生能源，为全国贡献了约 14% 的绿色能源。全面清理中小水电，退出影响生态环境小水电 267 座。全省绿色能源装机占比超过 85%，绿色发电量占比约 90%，清洁能源交易电量占比 97%，非化石能源占一次能源消费比重 42% 以上，4 项指标全国领先，为打赢污染防治攻坚战、蓝天保卫战及推动生态文明建设排头兵展现新面貌作出突出贡献。

6.4 云南省水电铝产业现状

6.4.1 地区分布情况

截至 2022 年 7 月，云南省现有及在建电解铝产能约 633 万吨，分布在红河州、文山州、大理州、昭通市、曲靖市、昆明市等 6 个州（市），各州（市）现状产能分布情况如图 6-6 所示，若魏桥集团落户泸西，云南省电解铝产能在各州（市）的分布情况如图 6-7 所示。

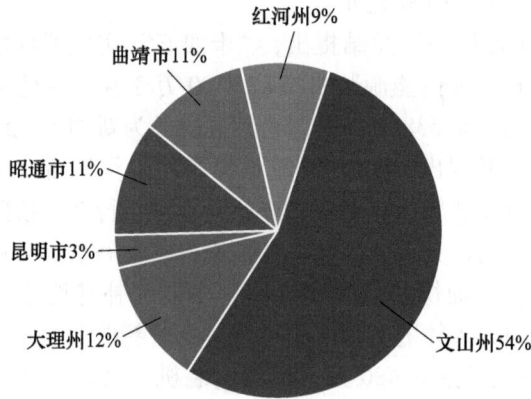

图 6-6 云南省现状电解铝产能分布图

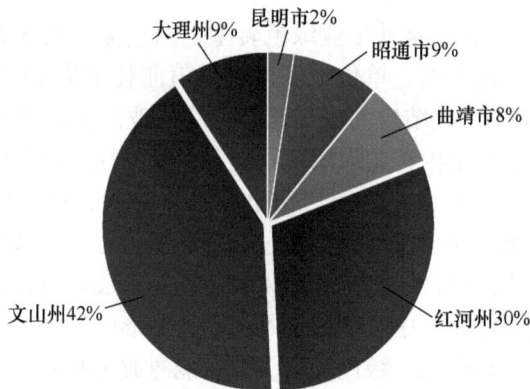

图 6-7 预测云南省未来电解铝产能分布图

云南宏合新型材料有限公司 192.86 万吨电解铝建设项目产能置换方案已于 2021 年 12 月 24 日—2022 年 1 月 7 日在云南省工信厅网站进行了公示。根据该方案，将分别退出山东魏桥铝电有限公司位于山东省滨州市邹平市魏桥镇的 30 万吨、位于山东省滨州市邹平经济技术开发区的产能 33.7 万吨、位于山东省滨州市阳信县的产能 30 万吨，以及滨州市宏诺新材料有限公司位于山东省滨州经济技术开发区的产能 24.1 万吨、惠民县汇宏新材料有限公司位于山东省滨州市惠民县的产能 45.2 万吨、滨州北海汇宏新材料有限公司位于山东省滨州北海经济开发区的产能 30 万吨，共计从山东省退出产能 193 万吨，按 1∶1 的比例进行置换，在云南省红河州泸西县产业园区建设 600kA 电解槽 1176 台，产能 193 万吨。该项目正在办理前期手续，待项目获批建设后，云南省电解铝产能将突破 800 万吨，跃居全国首位。

6.4.1.1 文山州

文山壮族苗族自治州位于中国西南边陲的云南省东南部，东与广西百色市接壤，南与越南接界，西与红河州毗邻，北与曲靖市相连。

"十三五"以来，文山州的绿色铝产业异军突起，抓住铝水、深加工、以铝为基础的新材料、全产业链发展四个关键，聚焦精深加工、研发等重点，大抓招商引资，成功引进魏桥、神火、中铝等一批世界 500 强、中国 500 强企业落地文山，全州绿色铝产能达 343 万吨、再生铝产能 100 万吨，绿色铝总产能占全省近二分之一、全国近十分之一。签约和落地铝下游加工企业 16 户，铝加工产能 478 万吨，累计实现绿色铝工业产值 723 亿元。

绿色铝的发展是文山州产业发展的重中之重，文山州具有发展绿色铝产业的坚实基础和巨大优势。一是资源优势。文山已经探获铝土矿储量 1.5 亿吨，可开发储量 1.1 亿吨，远景储量 2 亿吨以上，储量占全省 80% 以上，居全省第一位。同时，与文山临近的百色市和越南，铝土矿资源丰富，可就近通过市场配置保障原料供给。二是区位优势。文山是云南连接粤港澳大湾区、成渝双城经济圈、长江经济带、西部陆海新通道的重要节点，是云南通往粤港澳大湾区最近最便捷的通道，具有承接东西、贯通南北、通边达海的独特区位优势。三是能源优势。目前，文山已建成永仁至富宁、通宝至砚山 500kV 等骨干电网；建成新能源装机 52 万千瓦、在建 223 万千瓦，"十四五"末装机可达 600 万千瓦以上；建成投运 500kV 变电站 3 座，变电容量 925 万千伏安，500kV 柳井输变电工程建成后，变电容量将达 1325 万千伏安。

下一步，文山州将瞄准打造成为"中国绿色铝谷"核心区这一目标，抓住"深加工、研发、新材料、全产业链"四个关键，强化要素保障，延链补链强链，大力发展绿色铝精深加工，逐步构建"铝土矿—氧化铝—绿色铝—铝材精深加工—再生铝—综合利用"绿色铝完整产业链，打造绿色低碳、集聚集约、链条高端、创新引领、竞争力强的绿色铝产业集群，力争到"十四五"末，实现绿色铝产业总产值 3000 亿元以上。

6.4.1.2 红河州

红河哈尼族彝族自治州位于云南省东南部，北融滇中、南接越南、东进两广、西通缅老，是面向南亚东南亚辐射中心的前沿门户，区位独特、历史悠久、资源丰富、生态良好。

依托云南工业文明肇始地、工业门类齐全的坚实基础，红河州深入实施工业强州战略，坚持做优存量与做大增量并重，全部工业增加值实现翻番、达 747.72 亿元。红河州聚焦落实省委"六个大抓"要求，大力推行"链长制"，全力打造绿色铝及精深加工、绿色食品及精深加工、有色金属及新材料 3 个千亿级产业链和 9 个百亿级产业链，积极引进魏桥集团等上下游企业入驻红河，加快建设千亿级绿色低碳示范产业园，着力打造国内铝产业绿色低碳发展标杆。红河州原有电解铝产能不到全省产能的 10%，若魏桥泸西项目落地，其产能将跃居全省第二，占比将达 30%。

6.4.1.3　大理州

大理州位于云南省中部偏西，是全国唯一的白族自治州。党的十八大以来，始终坚持发展第一要务，经济总量快速提升，经济总量在全国 30 个民族自治州中升至第六位；产业转型步伐加快，绿色能源产业跃升为大理州第一大支柱产业，"风光水储一体化"建设全面提速，其亚、溢鑫等多家绿色铝企业建成投产，实现了绿色能源与先进制造融合发展从无到有的历史性突破，依托鹤庆兴鹤工业园区，目前构建了以绿色铝、多金属循环利用为主导的产业体系。依托鹤庆兴鹤工业园区已建成的溢鑫、其亚 80 万吨水电铝项目，进一步延链补链强链，已落地 4 个铝精深加工项目，实施 41 万吨铝材精深加工。

6.4.1.4　昭通市

昭通市位于云南省东北部，地处云、贵、川三省结合部的乌蒙山区腹地，坐落在四川盆地向云贵高原抬升的过渡地带。市内白鹤滩、溪洛渡、向家坝 3 座世界级巨型水电站先后建成投产，全市水电总装机容量、发电量位居全省第一，三大巨型电站建成投运助推昭通成为全国西电东送的重要清洁能源基地，绿色铝产业持续发展壮大。

6.4.1.5　曲靖市

曲靖市位于云南省东部，处云南、贵州、广西三省区交界处，东与贵州省兴义市毗邻，南与文山州、红河州接壤，西接昆明市，北临昭通市。

依托原有电解铝产业基础，曲靖市全力打造千亿级绿色铝精深加工产业集群，引进索通、今飞、万里扬、中铝国际等国内知名企业，基本建成阳极炭素、电解铝、铝精深加工、铝应用、再生铝全产业链，原铝就地精深加工率达 85.1%、高于全省平均水平 30 个百分点，全省重要的绿色铝精深加工产业基地加速形成。

6.4.1.6　昆明市

昆明市为云南省省会，也是云南省电解铝产业发展最早的地区。党的十八大以来，昆明市狠抓存量变革，传统产业实现"老树发新芽"。以绿色化、智能化、服务化为主攻方向，加快新一代信息技术与传统产业深度融合，引入新经济要素、新技术实施技改，全面重塑传统产业新优势。其中，冶金产业方面，基本形成了以安宁为主的钢铁行业集聚区、以阳宗海为主的铜材铝材加工行业集聚区、以高新区为主的稀贵金属行业集聚区，武钢、昆钢冶金行业工业互联网平台达到国内先进水平。

6.4.2　集团分布

云南省电解铝产能分属中铝、魏桥、神火及其亚四个集团公司，各集团现状产能分布情况如图 6-8 所示。

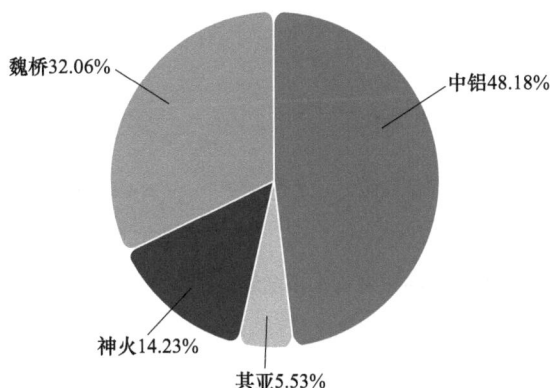

图 6-8　云南省现有电解铝产能集团分布情况

云铝股份电解铝产能约占云南省产能的一半，其前身为云南铝厂，始建于 1970 年，2018 年 12 月正式进入中铝集团，是"国家环境友好企业"、国家"绿色工厂"。云铝公司从 24 kA 自焙槽起步，经历了 60kA 自焙槽，200kA 级、300kA 级、400kA 级、500kA 级预焙槽，完整地经历和浓缩了中国铝工业的每一次变革与发展。多年来，云铝股份始终坚持走绿色低碳发展之路，着力打造绿色、低碳、清洁、可持续的"铝材一体化"产业模式，成功构建了集铝土矿—氧化铝—炭素制品—铝冶炼—铝加工为一体的产业链，形成了较为明显的资源保障优势。

目前，公司产业分布在云南 6 个州（市），是国内水电铝的主要供应商，是国内超薄铝箔的主要生产企业，是铸造铝合金锭行业国家标准的制定者，公司的高精化、定制化、标准化铝锭及铝材料，广泛应用于国防军工、航空航天、轨道交通、电子工业等领域，其 A356 铸造铝合金长期保持国内供应商领先地位。

未来，云铝股份将贯彻新发展理念，按照中铝集团部署，依托云南及周边优质资源、清洁能源禀赋，以提高发展质量和效益为中心，切实依靠创新驱动和开放合作，做强做优"绿色铝材一体化"产业链，加快推动云铝转型升级和改革发展，奋力打造千亿级中铝铝产业西南基地，推动公司形成高质量发展新格局。

2019 年以前，云南省电解铝产能均属云铝股份，2019 年以后，神火、其亚和魏桥集团先后入驻云南省。魏桥集团电解铝产能居云南省第二，待魏桥泸西项目落地后，其产能将超过中铝，位居云南省第一，如图 6-9 所示。

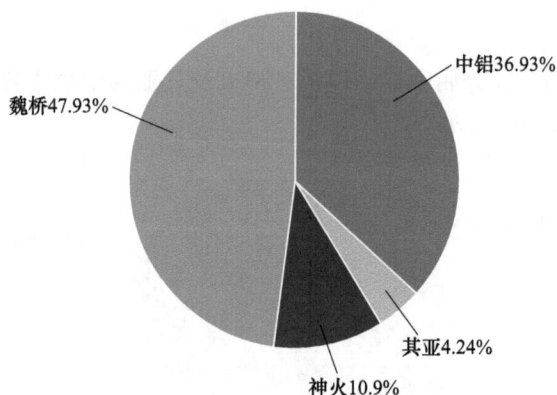

图 6-9   预测云南省未来电解铝产能集团分布情况

6.4.3   槽型分布

云南省现有及在建电解槽约 5600 台，电流强度分布在 200～600kA 之间，如图6-10 所示。"十三五"以来建设的电解槽均选择 400kA 以上槽型，并以 500kA 居多。目前已办理产能置换手续的魏桥泸西项目拟建设 600kA 电解槽 1176 台。

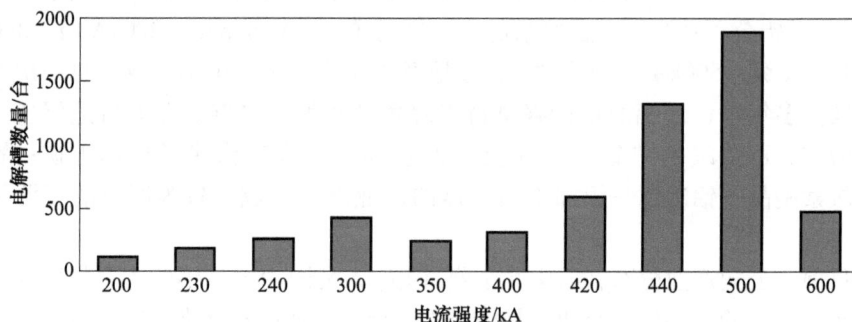

图 6-10   云南省电解铝现有槽型应用分布示意图

6.5   国外铝谷简介

6.5.1   俄罗斯的铝谷经济特区

俄罗斯是水电大国，有着丰富的水电资源，也是铝业大国之一，2019 年有 10 个铝电解厂，原铝年产能 422.5 万吨。俄罗斯的原铝电解能源结构中水电占比大于 84%，是名副其实的绿色水电铝业大国[27]。

6.5.2 加拿大圣劳伦斯河铝谷

加拿大圣劳伦斯河谷分布有 9 个原铝厂，铝厂始建于 20 世纪 20 年代，2019年产能 329 万吨[27]。因圣劳伦斯河落差较大，建有多个梯级水电站，全部利用水电。铝厂沿河的两岸分布，大多数由原加拿大铝业公司建设，现为力拓-加铝公司。

6.5.3 海德鲁铝业公司

挪威海德鲁铝业公司是世界主要的铝业公司之一，2019 年产能为 232.6 万吨。公司共建有 10 个原铝厂，5 个分布在挪威国内，年产能 121.8 万吨；其余分布在斯洛文尼亚、澳大利亚、卡塔尔、加拿大、巴西。

挪威水电及风电资源丰富，挪威国内的铝厂都集中在斯卡格拉克海峡沿海地区，电力供应全部为水电及风电，其中水电约占 91.5%。在所产原铝中约 25%铸成重熔用铝锭，其余铸造成铝合金锭与加工半成品用锭[27]。

7 云南省水电铝发展及环境保护相关规划

7.1 云南省相关发展规划及方向

自全力打造"绿色能源牌"以来，云南省制定并实施了一系列重要举措，通过不断总结成绩及经验，云南省对"绿色能源牌"的发展也提出了更高的要求，将建设世界一流"中国铝谷"，到 2035 年，世界一流"三张牌"将成为云南的世界标志性品牌。

7.1.1 《关于加快构建现代化产业体系的决定》的要求

为深入贯彻落实习近平总书记考察云南时的重要讲话精神，加快构建符合云南实际、时代特征的现代化产业体系，打造云南经济增长新引擎，推动云南经济高质量跨越式发展，云南省委、省政府发布了《关于加快构建现代化产业体系的决定》，其中与水电铝相关内容如下。

7.1.1.1 发展目标

不断提升和深化八大重点产业、世界一流"三张牌"的内涵，继续丰富和延伸八大重点产业、世界一流"三张牌"的外延。重点培育先进制造业、旅游文化业、高原特色现代农业、现代物流业、健康服务业等为重点的万亿级支柱产业和绿色能源、数字经济、生物医药、新材料、环保、金融服务业、房地产业、烟草等为重点的千亿级优势产业。

到 2025 年，全省八大重点产业、世界一流"三张牌"的引领带动作用进一步凸显，现代化产业体系骨架基本形成，万亿级支柱产业在全省经济发展中的支撑地位全面确立，千亿级优势产业培育取得突破性进展。到 2030 年，八大重点产业、世界一流"三张牌"深度融入全球产业链、价值链、创新链，品牌效应进一步提升，支柱产业和优势产业增加值占 GDP 比重超过 60%，对经济增长的贡献率超过 60%，基本形成符合云南实际、时代特征，特色鲜明、技术先进、绿色安全、迭代发展的云南现代化产业体系。

到 2035 年，世界一流"三张牌"成为云南的世界标志性品牌，形成开放共赢、内外联动、扎根云南的产业链全球布局，现代化产业体系建设取得决定性进展，引领西部、融入全国、辐射南亚、东南亚的现代化产业强省地位基本确立。

7.1.1.2 打造万亿级支柱产业

实施产业基础再造工程。制定产业链补链强链计划，利用绿色能源优势引领绿色铝、绿色硅等先进制造业和高新技术产业发展，建设以绿色铝为品牌的世界一流"中国铝谷"。

7.1.1.3 培育千亿级优势产业

推动新材料产业向高端迈进，聚焦高端装备制造、绿色低碳环保、新能源及其应用、新一代信息技术等产业对先进材料的需求，通过引进、消化、重组、联合，加快推进一批服务于钢铁、有色金属、建材、化工等传统产业转型升级的先进基础材料项目，培育壮大高端钛合金、铝合金、稀贵金属、稀土催化功能材料、关键电子材料等一批关键战略材料，重点培育液态金属、新型显示材料、3D打印等前沿新材料。到2035年，成为国内重要、国际知名的关键基础材料和新材料产业基地。

7.1.2 《云南省国民经济和社会发展第十四个五年规划和二〇三五年远景目标纲要》的要求

锚定2035年与全国同步基本实现社会主义现代化远景目标，立足云南欠发达基本省情，聚焦发展不平衡、不充分主要矛盾，云南省人民政府于2021年2月8日印发了《云南省国民经济和社会发展第十四个五年规划和二〇三五年远景目标纲要的通知》，与电解铝相关的内容主要如下。

7.1.2.1 发展目标

全省要紧盯高质量发展的目标，保持"打基础、谋长远"的战略定力，坚持"防风险、补短板、争先进"的工作思路，到2025年实现经济发展取得新成效、民族团结进步示范区建设达到新水平、生态文明建设排头兵取得新进展、面向南亚、东南亚辐射中心建设迈出新步伐、社会文明程度得到新提高、边疆治理能力实现新提升的发展目标。

7.1.2.2 打造世界一流"绿色能源牌"相关内容

延伸能源产业链，深入推进绿色能源与绿色先进制造业深度融合，建成国家清洁能源基地、石油炼化基地及区域国际能源枢纽"两基地一枢纽"，把云南省清洁能源优势转化为经济优势、发展优势。

（1）建成国家清洁能源基地。优先布局绿色能源开发，以绿色电源建设为重点，加快金沙江、澜沧江等国家水电基地建设。推进乌东德、白鹤滩、托巴水电站建成投产，旭龙、奔子栏、古水水电站开工建设，深入开展大江干流水电站前期研究工作；积极推进已建水电站扩机项目，充分发挥水资源优势，提高资源利用效率。加强中小水电有序规范管理。统筹协调风能、太阳能等新能源开发利用，以金沙江下游、澜沧江中下游大型水电站基地及送出线路为依托，建设"风光水储一体化"国家示范基地。推进煤电一体化建设，强化煤电节能减排改造升级。优化能源结构，解决"丰平枯紧"结构性问题。加快昭通页岩气勘探开发利用，构建多气源保障、多渠道供应体系。培育和发展氢能产业。到2025年，全省电力装机达到1.3亿千瓦左右，绿色电源装机比重达到86%以上。

（2）做强做优绿色能源产业。聚焦产业链延伸，坚持技术装备、环保和智能化水平领先的发展方向，改善营商环境、园区配套、人才技术支撑等要素保障，吸引绿色铝、绿色硅下游加工领域项目集聚落地、集群发展，建设以绿色铝、绿色硅等为重点的先进制造业集群，推动绿色能源和绿色制造产业链深度融合和高端跃升，将云南省绿色能源优势转化为绿色制造优势。全产业链重塑有色产业新优势，建设世界一流"中国铝谷"，实现云南铝硅工业在绿色发展上、规模上、深加工上、创新研发上站在全球产业制高点的目标，建设绿色制造强省。

7.1.3 《云南省工业绿色发展"十四五"规划》的要求

为贯彻落实绿色发展理念，推进资源节约和环境保护，推动全省工业绿色低碳高质量发展，全面擦亮云南绿色发展鲜明底色，云南省工业和信息化厅于2021年9月印发了《云南省工业绿色发展"十四五"规划》。《规划》明确，"十四五"期间，要发挥云南资源禀赋优势，挖掘绿色发展新引擎，构建绿色发展新格局，塑造绿色发展新优势，推动绿色能源与绿色制造深度融合，开启工业绿色发展新征程。到2025年，工业产业结构、生产方式绿色转型取得显著成效，能源资源利用效率显著提升，为工业领域碳达峰、碳中和奠定坚实基础。《规划》中与电解铝相关的内容如下。

《规划》的基本原则之一为：加快推动传统制造业绿色化改造，重塑支柱产业新优势。发挥绿色能源优势，建设以绿色铝、绿色硅等为重点的先进制造业集群，推动绿色能源和绿色制造产业链深度融合。

《规划》的战略定位之一为：立足"绿色能源"优势，建设绿色制造强省。把丰富的清洁能源优势转化为产业优势和发展优势，深入推进绿色能源战略与绿色铝、绿色硅等先进制造业深度融合，全产业链重塑有色产业新优势，建设以绿色铝为品牌的世界一流"中国铝谷"。

《规划》的重点任务中包括：

（1）推动传统产业延链补链强链，实现产业基础再造。利用绿色能源优势引领绿色铝、绿色硅等先进制造业发展，建设以绿色铝为品牌的世界一流"中国铝谷"，打造绿色硅精深加工产业基地，重塑支柱产业新优势。

（2）加快发展新能源产业，提高新能源装备制造水平。深入推进绿色能源战略与绿色铝等先进制造业深入融合，引领、带动、支撑绿色铝产业在绿色发展、产业规模、精深加工、创新研发等方面形成全球制高点，打造"中国铝谷"。

（3）推动工业低碳发展方面，鼓励开发绿色低碳产品，支持打造"零碳"绿色铝，吸引绿色铝下游绿色产业链集聚，推动绿色能源和绿色制造产业链深度融合和高端跃升。

（4）推进工业资源综合利用方面，以绿色铝为引领，打造产业资源综合利用核心竞争力；推动锡、铜、铝、钛、镍材、稀贵金属精深加工产品的研发和产业化，开发高端和高附加值产品。

7.1.4 《云南省"十四五"制造业高质量发展规划》的要求

为加快推进制造业高质量发展，云南省人民政府于 2022 年 4 月 20 日印发了《云南省"十四五"制造业高质量发展规划》。《规划》提出以高水平打造绿色铝产业为抓手，全力支撑打造"绿色能源牌"，主要目标及要求如下。

7.1.4.1 发展目标

坚持源头减量、过程控制、末端循环的发展理念，以优化产业布局、强化链条延伸、深化创新驱动为主线，打造科技含量高、经济效益好、资源消耗低、环境污染少的绿色铝产业链，建设"中国绿色铝谷"，实现云南铝产业在绿色发展、规模体量、精深加工、研发创新等方面跻身全球产业制高点的目标。到 2025年，力争全省铝产能转化率和再生铝比例取得较大提升，推动铝制品加工能力突破 600 万吨，绿色铝产业链工业总产值达到 2500 亿元；推动建设 2 个或 3 个绿色低碳铝产业园区，引领铝产业向精深加工和终端制造延伸。

7.1.4.2 发展要求

（1）优化产业布局。依托昆明经开区、昭阳经开区、富源产业园区、砚山产业园区、蒙自经开区、鹤庆产业园区等，集中布局绿色铝产业基地，加快高端铝产品项目招引和建设，推动电解铝向铝加工延伸，提升再生铝发展水平，构建完善"电解铝—铝加工—铝应用—再生铝"循环经济产业链。推动各园区积极优化产业结构，错位发展建材用铝、交通用铝、电子电气用铝、家居生活用铝和市政设施用铝、包装用铝、工业用铝等产业，延伸发展汽车零部件、航空航天铝配件等下游精深加工产业，加快形成区域间良性互动、优势互补、特色鲜明的协同发展格局。

（2）强化链条延伸。积极引进培育铝合金材料设计、加工、制造、应用等领域的优势企业，持续推动铝产业从原材料生产向新材料研制提升，由材料加工向装备制造迈进。推动各个园区进一步优化产业空间布局，大力推广铝水直接供应铝制品加工厂的模式，增强产业链上下游企业间的协作配套，丰富高端铝材种类，拓展下游应用领域，大幅提升铝材精深加工的深度、广度及产品附加值。

（3）深化创新驱动。推动企业建立完善研发机构，以云南省铝工业工程中心等为依托，构建完善绿色铝研发创新体系，建设国家级创新平台，针对制约绿色铝产业发展的高端精深加工和赤泥、铝灰、大修渣固体废物资源化综合利用等基础性、关键性和共性技术问题展开联合攻关。支持企业开展智能制造、5G 智慧工厂试点示范，着力提升企业在工艺优化、节能减排、质量控制与溯源、安全生产等方面的智能化水平。

7.1.5 《云南省先进装备制造业发展规划（2021—2025 年）》的要求

为进一步推动全省先进装备制造产业链高质量发展，云南省工业和信息化厅于 2021 年 11 月印发了《云南省先进装备制造业发展规划（2021—2025 年）》。《规划》确定的重点领域和布局中，与铝产业相关的内容如下。

电力装备制造业要发展大型节能高压电力变压器，大截面、大跨距钢芯铝绞线、超高效铸铜转子电动机、高原型智能开关成套设备、高倍聚光光伏设备等高技术产品，推动传统产业升级改造、做精做强。

汽车制造业要围绕"做优存量，做大增量，快速扩大产业规模，打造千亿级产业"目标，坚持以整车为龙头，以重点园区为依托，打造汽车产业集群，配套发展高效柴油发动机及动力总成、自动变速箱、车桥、内饰件、底盘件、铝合金轮毂等零部件产业。

7.1.6 《云南省"十四五"原材料工业发展规划》的要求

为加速推进原材料工业转型升级高质量发展，助力构建特色鲜明、技术先进、绿色安全、动态迭代的现代产业体系，云南省工信厅制定了《云南省"十四五"原材料工业发展规划》。《规划》的发展重点包括推动绿色铝材产业规模化发展，主要内容如下。

深化发展绿色铝材产业链，着力打造一批链接共生、资源共享、耦合发展的绿色铝产业集群，建设一流的"中国绿色铝谷"。综合评估电力供应、资源保障、环境承载及下游产业等情况，科学制定全省绿色铝产业发展规模。鼓励企业关停退出存量产能中经济技术指标相对落后的老旧生产线，替换建设再生铝项目，着力提高再生铝产能比重。加快推进在建电解铝项目尽早投产达标，培育一批铝精深加工项目，提升产业综合实力。拓展延伸产业链，围绕"电解铝（再生铝）—铝合金—铝深加工制品"基本产业链，加快发展建筑铝材、包装铝材、装备铝材等。丰富铝深加工产品品种，重点发展全铝轨道车体、汽车整车车身、建筑模板、铝合金护围板、新能源动力电池箔、锻造铝轮毂、铝焊丝等高端新型材料。大力引进在铝合金轻量化材料设计、加工、制造、应用等领域具备技术优势的企业，推动铝加工企业向高端精深铝合金加工延伸。

7.1.7 《云南省产业强省三年行动（2022—2024 年）》的要求

为壮大实体经济规模，促进产业结构优化升级，提升产业发展质量、效益和竞争力,加快推动产业强省建设,省委省政府于 2022 年 7 月印发了《云南省产业强省三年行动（2022—2024 年）》,其中,铝产业的发展目标是绿色能源与绿色先进制造业深度融合发展,绿色铝谷建设迈出坚实步伐,具体相关内容如下。

7.1.7.1 发展方向

以轻量化、智能化、高端化为发展方向,以龙头企业为引领,以延链补链强链为路径,打造绿色低碳、集聚集约、链条高端、创新引领、竞争力强的绿色铝产业集群,推动形成价值链趋向高端、产品链趋向终端、全产业链优化升级的一流高端铝产业体系。

7.1.7.2 三年目标

到 2024 年,全省铝合金化率达到 90% 左右,率先打造形成 2 个或 3 个绿色低碳高端铝产业园区,绿色铝产业链产值力争达到 3500 亿元左右,成为国家重要的铝产业基地。

7.1.7.3 重点任务

（1）重点推动铝精深加工发展。严格执行电解铝总量控制要求,严控电解铝产能规模。瞄准精深加工和高附加值环节,引导龙头企业发挥产业生态主导作用,带动铝合金材料设计、加工、制造、应用等领域优势企业集群落地、集约发展。重点聚焦建筑结构、交通轻量化、包装容器、电力电子、耐用消费品等领域,加快发展高强度建筑铝型材、建筑模板系统、汽车及轨道车辆等交通轻量化车体型材、铝合金轮毂、航空航天用铝材、包装用铝板带箔、光伏型材、新能源动力电池箔、铝制家具等产品。鼓励铝加工企业与电解铝生产企业加强合作,培育壮大"链主"企业,构建利益共享、风险共担、链条完整的现代企业组织体系。鼓励绿色铝产业链"链主"企业、龙头企业牵头开展产业链合作,招引重点铝加工企业、配套企业和研发、基金、人才、工业互联网等关键节点服务机构共同参与绿色铝产业链发展。

（2）着力打造世界级绿色铝产业园区。以文山州、红河州为重点,以主体集中、区域集聚、绿色低碳、产品高端为方向,打造国内一流、世界领先的绿色铝产业园区。推动文山州加快向下游延伸产业链,把推动全产业链技术升级、精深加工、终端产品制造作为主攻方向,重点建设建筑及工业铝型材、交通运输用铝材、电力电子用铝、包装用铝、高端铝基新材料、铝制家具等项目,到 2024 年,绿色铝创新产业园成为国内铝产业集群发展标杆。推动红河州加快推进泸西电解铝项目建设,把发展铝精深加工作为主攻方向,重点建设轻量化挤压材及结构件、光伏及全铝家具铝型材、市政建设用铝型材、高性能泡沫铝构件、高端装备铝部件等项目,到 2024 年,力争电解铝产能全部建成,同步实现铝深加工配套,绿色低碳示范产业园成为国内铝产业绿色低碳发展标杆。

（3）加快提升创新发展能力。营造产学研用一体的绿色铝协同创新生态,支持创新平台建设，打造国家级绿色铝技术创新中心。支持绿色铝龙头企业加大研发投入，重点围绕原铝低碳冶炼创新技术，铝电解槽余热回收技术，碳捕集、利用和封存技术等，加强技术创新和示范应用。支持铝合金材料生产、应用企业联合科研单位，围绕高性能铝合金材料、铝基新材料、铝精深加工产品等方面协同攻关。围绕铝冶炼、铝材精深加工、资源综合利用与环境保护等方向，策划绿色铝重大科技攻关项目。加强绿色铝标准技术体系建设，满足市场和创新需求。支持铝产业人才培养和引进，建设高水平创新团队。

7.1.8　《云南省绿色铝产业发展三年行动（2022—2024 年）》的要求

作为产业强省三年行动的重要内容，为贯彻落实《云南省产业强省三年行动（2022—2024 年）》，云南省发改委、省工信厅联合出台了《云南省绿色铝产业发展三年行动（2022—2024 年）》和《关于支持绿色铝产业发展的政策措施》，进一步细化了铝产业的发展要求，主要内容如下。

7.1.8.1　明确"2+4"区域布局

综合考虑相关州、市产业基础和比较优势，依托铝水直供短流程模式，推动铝加工向重点园区集中，加快形成以文山、红河为重点，大理、昭通、曲靖、昆明协同发展的"2+4"绿色铝产业发展空间布局。其他州、市不再发展绿色铝产业，鼓励依托"2+4"区域内重点绿色铝产业园区，通过合作共建、"飞地经济"等形式实现跨州、市共建共享、互利共赢。

7.1.8.2　加快延链补链强链

严控电解铝产能规模，坚持主体集中、区域集聚，聚焦建筑结构、交通轻量化、包装容器、电力电子、耐用消费品等领域，确定产品定位，大力引进铝合金材设计、加工、制造、应用等领域优势企业，推动绿色铝向精深加工和终端制造延伸，加快形成一批优势产品。

（1）建筑结构领域。重点发展轻质高强度建筑铝型材和板带材、建筑模板型材、结构用铝型材生产，同时向系统门窗、建筑模板系统、建筑围护板系统、全铝桥梁、全铝房屋、道路灯杆、公交车站防雨棚等终端产品延伸。

（2）交通运输领域。重点发展汽车、轨道车辆等交通轻量化车体型材，钎焊复合板带箔、商用车车身板等板带材，铝合金整体车轮、压铸件等铸件生产，同时向保险杠、行李架、电池托架等汽车零部件模块，以及全铝车身等终端产品延伸。

（3）包装容器领域。重点发展包装领域用铝板带箔，同时向烟草包装材料、易拉盖、药品包装、家用包装等终端产品延伸。

（4）电力电子领域。重点发展光伏型材、电力导线、管材生产，电子产品外壳用挤压材和板带材生产，新能源动力电池箔等铝箔产品生产，同时向电子产品深加工延伸。

（5）耐用消费品领域。重点发展家具用铝型材和板带材生产、空调箔生产等，同时向铝制家具等终端产品延伸。

7.1.9 《云南省"十四五"产业园区发展规划》的要求

作为产业聚集发展的重要载体，产业园区是推动工业化、城镇化发展和对外开放的重要平台，为推进产业强省建设，统筹园区产业布局，云南省人民政府办公厅印发了《云南省"十四五"产业园区发展规划》。根据《规划》，中国绿色铝谷已初具雏形，到2025年，云南要迈出中国绿色铝谷建设的坚实步伐，基本形成有色金属等重点产业全产业链的格局。

结合云南省参与全球、全国产业链现状，立足产业基础，围绕资源能源优势和市场需求，坚持全省"一盘棋"统筹布局，培育优势产业集群，推动产业链上下游配套、集群化和全产业链发展，优化园区重点产业布局。绿色铝产业方面，要形成以云南砚山产业园区、云南泸西产业园区为核心，蒙自经济技术开发区、云南鹤庆产业园区、曲靖高新技术产业开发区、云南富源产业园区、云南昭阳经济技术开发区、云南呈贡产业园区等协同发展的绿色铝产业空间布局，打造"中国绿色铝谷"。曲靖高新技术产业开发区重点发展新能源汽车配套铝制品。云南昭阳经济技术开发区重点发展轨道交通用铝。蒙自经济技术开发区重点发展市政设施用铝。云南呈贡产业园区重点发展铝材生产。云南砚山产业园区重点发展工业用铝型材、汽车、建筑和家居生活用铝。云南富源产业园区重点发展汽车用铝。云南鹤庆产业园区重点发展汽车用铝及建筑用铝型材。云南泸西产业园区重点发展高端铝合金材。

7.2 云南省环境保护规划及相关要求

云南作为我国西南生态安全屏障，承担着维护区域、国家乃至国际生态安全的战略任务和重大职责。党中央、国务院高度重视云南生态文明建设，习近平总书记明确要求云南要努力成为我国生态文明建设排头兵，筑牢国家西南生态安全屏障。

7.2.1 《云南省"十四五"生态环境保护规划》的要求

云南省生态环境厅于2022年4月8日印发了《云南省"十四五"生态环境保护规划》，明确了全省"十四五"期间生态环境保护总体思路、主要目标、主要任务、重点工程和重大举措。《规划》以习近平新时代中国特色社会主义思想为指导，全面贯彻党的十九大和十九届历次全会精神，深入贯彻习近平生态文明思想，立足新发展阶段，贯彻新发展理念，构建新发展格局，协同推进经济高质量发展和生态环境高水平保护，深入践行"绿水青山就是金山银山"理念，坚持尊重自然、顺应自然、保护自然，坚持节约优先、保护优先、自然恢复为主，紧扣全国生态文明建设排头兵战略目标，以实现减污降碳协同增效为导向，以改善生态环境质量为核心，以高水平生态环境保护促进经济社会高质量跨越式发展为主线，以深化生态文明体制改革为动力，以生态环境治理体系和治理能力现代化为支撑，突出精准治污、科学治污、依法治污，深入打好污染防治攻坚战，统筹推进"稳气降碳优生态，增水固土防风险"，促进经济社会发展绿色转型，持续推进生态环境质量改善，维护生态安全和生物安全，筑牢西南生态安全屏障，为云南省成为全国生态文明建设排头兵奠定坚实的生态环境基础。

《规划》中涉及电解铝行业的相关内容主要如下。

7.2.1.1 强力推动绿色低碳发展

（1）优化产业结构。推进重点行业绿色化改造。以有色等行业为重点，开展全流程清洁化、循环化、低碳化改造，全面推动传统优势产业绿色转型升级。推动重点行业加快实施限制类产能装备的升级改造，有序开展超低排放改造。

推动落后低效和过剩产能淘汰。认真落实产业政策，严格环境影响评价，坚决遏制高耗能、高排放项目盲目发展，加快淘汰落后产能，推动产业结构优化升级。严格执行质量、环保、能耗、安全等法规标准，加大电解铝等行业落后产能淘汰和过剩产能压减力度。

（2）优化能源供给结构。大力发展可再生能源，加快开发建设大江干流大型水电项目，持续打造金沙江、澜沧江两大国家清洁能源基地；集中式与分布式并举，加快开发风电、光伏发电等新能源，建设国家多能互补能源基地。完善能源产供储销体系，加强非常规天然气勘探开发，加快全省油气管道建设，推进能源储备设施建设，建设智慧能源系统，优化电力生产和输送通道布局，提升新能源消纳和存储能力。到2025年，非化石能源占一次能源消费比重达到46%以上。

（3）持续优化交通运输结构。加大运输结构调整力度，形成部分州（市）大宗货物和集装箱中长距离运以铁路和水路运输为主的格局。加快干线铁路建设和改造，实施铁路干线主要编组站设备设施改造扩能。推动大宗货物集疏港运输向铁路和水路转移，支持电解铝等大宗货物年运输量150万吨以上的大型工矿企业及大型物流园区新（改、扩）建铁路专用线。到2025年，大宗货物绿色运输方式比例、铁路和水路货运量占比进一步提升。

7.2.1.2 控制温室气体排放

（1）制订碳排放达峰行动实施方案。制订云南省二氧化碳排放达峰行动实施方案，支持各州（市）结合实际制订本区域达峰行动方案，能源、工业、交通和建筑等重点领域制订达峰专项行动方案，有色等重点行业制订达峰行动方案。

（2）控制工业行业二氧化碳排放。推动有色等高耗能行业节能降耗，严格产能置换监管，提升系统电气化水平，强化先进低碳技术研发及应用，推进能效对标活动，提升能源利用效率。鼓励节能减排创新行动。选择重点企业开展二氧化碳捕集、利用与封存示范工程。

控制非二氧化碳温室气体排放。实施含氟温室气体和氧化亚氮排放控制，推广六氟化硫替代技术。

（3）开展重大项目二氧化碳排放评价。支持重点行业制定重大项目碳排放核算方法，明确重大项目碳排放评价的范围、内容、方法、程序等。针对"十四五""十五五"时期投产的高能耗、高排放重大项目，实施节能评估和碳排放评估，从用能总量、能耗标准、碳排放标准等方面严把准入关，坚决遏制"两高"项目盲目发展，避免在达峰前出现碳排放冲高现象，确保平稳进入峰值年。

7.2.1.3 加强协同控制，改善大气环境

加大水电铝行业污染治理。全面推进电解铝企业烟气脱硫设施建设，提高烟气脱硫效率，全面加大热残极冷却过程无组织排放治理力度，建设封闭高效的烟气收集系统，实现残极冷却烟气有效处理。加强电解铝生产过程中氟化物的无组织收集和处理，开展电解铝行业提标改造治理试点示范工程。严格控制配套炭素生产企业的污染物排放，加大无组织废气收集和深度治理。

7.2.1.4 持续提升危险废物医疗废物风险防范能力

鼓励铝产业（铝灰、大修渣）集中区统一建设危险废物处置中心，确保废物得到安全处置。各州（市）辖区危险废物基本得到规范收集和处置。到2025年底，技术和运营水平进一步提升。

7.2.2 《云南省生态文明建设排头兵规划（2021—2025年）》的要求

为深入贯彻落实习近平生态文明思想和习近平总书记考察云南时的重要讲话精神，切实将生态文明建设融入全省经济、政治、文化、社会建设各方面和全过程，云南省委、省政府于2022年5月印发实施了《云南省生态文明建设排头兵规划（2021—2025年）》，围绕构建生态文明体系，明确了争当全国生态文明建设排头兵的目标、主要任务和重大举措。《规划》中与电解铝产业相关的要求如下。

《规划》提出了云南省"十四五"生态文明建设的六大任务：争当绿色低碳循环发展排头兵、争当深入打好污染防治攻坚战排头兵、争当生物多样性保护排头兵、争当生态安全体系建设排头兵、争当生态文化体系建设排头兵、争当生态环境治理体系和治理能力现代化排头兵。

《规划》要求加快工业生产绿色生态转型。积极引领新兴产业高起点绿色发展，着力推进传统工业绿色转型升级，加快形成绿色循环低碳工业体系。全面实

施工业绿色发展"862"战略(八大重点工作:优化调整工业结构、提升工业能效水平、推动工业低碳发展、推进工业资源综合利用、提升工业用水效率、稳步推进清洁生产、深化绿色制造体系建设、加强绿色发展交流合作;六大重点工程:产业结构绿色升级工程、工业能效提升工程、资源综合利用工程、工业用水效率提升工程、清洁生产推进工程、绿色制造体系创建工程;两大重点行动:新一轮绿色技术改造行动、工业低碳行动),推动绿色能源与绿色制造深度融合,建设以绿色硅、绿色铝等为重点的先进制造业集群。强化采掘、冶炼全过程绿色低碳管理,全面落实清洁生产措施。加强生态开发区建设,发挥支柱产业对开发区的引领作用,推动集聚、集约发展,引导资源节约循环利用和污染物专业化、市场化集中处置。促进工业企业由传统制造向绿色制造转型升级。大力推行静脉产业园、无废开发区建设。

《规划》要求构建清洁低碳的能源体系。以保障能源安全和经济发展为底线,推动能源低碳转型平稳过渡,优化能源供给结构,完善能源产供储销体系。有序推进煤炭消费减量替代,严格合理控制煤炭消费增长。根据发展需要合理建设先进煤电,继续有序淘汰落后煤电,大力推进煤炭清洁高效利用和煤电节能降碳改造、灵活性改造、供热改造"三改联动",推动煤炭和新能源优化组合。发展可再生能源,建设国家清洁能源基地和国际区域性绿色能源枢纽,持续推进"西电东送""云电外送",推动非化石能源成为能源消费增量的主体。加快页岩气、煤层气等非常规天然气资源规模化开发,在优先避让各类生态环境敏感区和做好生态环境保护的前提下,大力发展风能、太阳能、生物质能、地热能等非化石能源,推动屋顶光伏建设,构建智慧能源系统。实施终端用能清洁化替代,加快工业、建筑、交通等各用能领域电气化、清洁化、智能化发展。打造绿色能源强省、"一基地三示范区一枢纽",到 2025 年,全省电力总装机 1.5 亿千瓦,绿色能源装机达到 86% 以上,非化石能源占一次能源消费比重进一步提升到 46%。

7.2.3　《关于深入打好污染防治攻坚战的实施意见》的要求

为贯彻落实《关于深入打好污染防治攻坚战的意见》精神,进一步加强生态环境保护,深入打好污染防治攻坚战,云南省委、省政府于 2022 年 7 月发布了《关于深入打好污染防治攻坚战的实施意见》。《意见》中与电解铝发展及保护相关的内容如下。

推动能源清洁低碳转型。在保障能源安全的前提下,严格合理控制煤炭消费增长,有序减量替代。建设国家清洁能源基地,打造"风光水火储"多能互补基地,提高电能占终端能源消费比重。

坚决遏制高耗能、高排放项目盲目发展。坚决停批停建不符合规定的项目,深入推进产业补链延链强链、绿色低碳转型。严格落实产能置换和产能控制政策。

推进清洁生产和能源资源节约高效利用。深入实施清洁生产改造，依法开展清洁生产审核。推进绿色能源与绿色制造融合发展。

7.2.4 其他环保规划

7.2.4.1 《云南省工业固体废物和重金属污染防治"十四五"规划》的要求

电解铝企业大修渣、铝灰、炭渣等危险废物产生量大，根据《云南省工业固体废物和重金属污染防治"十四五"规划》，相关要求如下。

强化工业固体废物源头管控。严格控制新建、扩建产废强度高、区域利用处置能力不足、无配套利用处置设施的建设项目。推动强制性清洁生产审核，督促企业减少有毒有害原料使用，源头减量，提高资源利用效率。

推进工业固体废物污染防治。加强固体废物排污许可、跨省转移备案审批、污染防治信息公开等环境管理基础工作。

提升危险废物监管和利用处置能力。促进危险废物利用处置行业规模化发展、专业化运营，加快补齐利用处置能力短板，危险废物处置能力基本满足省域内实际处置需求。积极推动电解铝大修渣利用处置能力建设。

7.2.4.2 《云南省土壤、地下水污染防治"十四五"规划》的要求

云南省生态环境厅、云南省发展和改革委员会、云南省财政厅、云南省自然资源厅、云南省住房和城乡建设厅、云南省水利厅、云南省农业农村厅于2022年7月联合印发了《云南省土壤、地下水污染防治"十四五"规划》。

根据云南省生态环境厅《云南省土壤、地下水污染防治"十四五"规划》新闻发布会，当前省内局部区域的土壤和地下水污染问题较为突出，土壤和地下水污染源头预防压力较大，受污染耕地安全和建设用地准入管理有待巩固和加强，土壤和地下水污染防治形势依然严峻。《规划》提出的总体目标为：到2025年全省土壤和地下水环境质量总体保持稳定，局部稳中向好，受污染耕地和重点建设用地安全利用得到巩固提升，地下水污染趋势得到初步遏制。

土壤污染防治方面，《规划》提出加强耕地污染源头控制、防范工矿企业新增土壤污染、深入实施耕地分类管理、严格建设用地准入管理、有序推进建设用地土壤污染风险管控与修复等5项重点任务；地下水污染防治方面，《规划》提出开展地下水型饮用水水源和地下水污染源"双源"地下水环境状况调查评估、加强地下水污染风险防控、保障地下水型饮用水水源环境安全、建立地下水污染防治管理体系等4项重点任务。

8 云南省水电铝产业生态环境保护现状

云南省在推动水电铝材一体化发展中，高度重视生态环境保护，认真处理好发展与保护的关系，在产业布局、清洁生产、污染治理、环境监管等方面均严格要求，将水电铝产业发展控制在环境承载能力范围内，推动水电铝绿色、低碳、可持续发展。

8.1 产业布局方面

云南省绿色铝产业主要集中分布在文山州、红河州、曲靖市、昭通市、昆明市等工业基础好的州（市）。各电解铝项目选址均布局于依法设立并经规划环评的合规产业园区内，项目建设符合所在园区的产业定位、环境准入及生态环境保护要求，并充分考虑了区域的环境承载力。

8.2 清洁生产水平

在云南绿色铝产业发展过程中，要求企业采用先进工艺装备和技术，提高资源利用效率，从源头削减污染。近年来云南省新建的水电铝项目都对项目清洁生产提出了严格要求，主要工艺控制、资源能源消耗、环境保护控制等方面均优于《铝行业规范条件（2013 年）》；对照国际清洁生产先进水平，对氧化铝单耗、氟化铝单耗、冰晶石单耗、阳极净耗、集气效率等主要指标从严要求，上述各指标均优于《清洁生产标准 电解铝业》（HJ/T 187—2006）一级水平（见表 8-1）[26]。

表 8-1 云南省电解铝企业主要能耗指标一览表

指标来源	行业平均吨铝能耗/kg			吨铝交流电耗/kW·h
	氧化铝	炭素净耗	氟化盐	
2010 年	1922	424	25.68	13913
2011 年	1918	444	18.3	13160
2012 年	1928	435	19.3	13107
2013 年	1910	401	17.5	13093
2014 年	1907.7	404.7	16.8	13039

指标来源	行业平均吨铝能耗/kg			吨铝交流电耗 /kW·h
	氧化铝	炭素净耗	氟化盐	
2015 年	1914	404	18.9	13043
2017 年起云南省新建项目	1911~1920	397~410	13~13.5	12234~13200
《清洁生产标准 电解铝业》一级标准	≤1930	≤410	≤26	—
《铝行业规范条件（2013 年）》	<1920	<420	<18	<13200
《铝行业规范条件（2020 年）》	<1920	<410	<18	≤13500
《电解铝行业清洁生产评价指标体系（征求意见稿，2019 年 7 月）》一级指标	≤1920	≤410	≤24	—
《电解铝行业清洁生产评价指标体系（征求意见稿，2022 年 7 月）》一级指标	≤1910	≤400	≤13.5	≤12650
《电解铝行业清洁生产评价指标体系（征求意见稿，2022 年 7 月）》二级指标	≤1915	≤405	≤16	≤12750

注：1. 氟化盐包括氟化钠、冰晶石、氟化钙；

2. 2010—2015 年数据来源云南省工信厅统计通报资料；

3. 2017 年以后的数据来源于各项目环评文件。

对比 2019 年征求意见的《电解铝行业清洁生产评价指标体系》，2017 年以后引入的水电铝项目主要原辅料消耗指标也达到一级指标要求；但对照 2022 年 7 月再次征求意见的指标体系，除氟化盐消耗指标满足一级指标要求外，其余指标目前尚存在差距。据了解，针对 2022 年 7 月征求意见稿中的电流效率等部分参数，各电解铝企业也提出了达到一级指标存在困难。

8.3 污染治理水平

8.3.1 废气污染物控制

在达到行业相关技术规范的基础上，要求企业采用先进治理技术，进一步提高污染治理水平。为控制二氧化硫、氟化物无组织排放，近年来引入的水电铝项目均要求采取更为严格的烟气收集措施，将电解烟气集气效率从达到 98% 进一步提高到 99.5% 以上（包括电解槽采用大面槽罩进行密闭，采用上烟道+双烟管集气；加强阳极导杆、三角板、槽罩、槽门下端等部位的密封；设置移动式残极冷却罩或残极冷却箱；电解槽加料、打壳、阳极效应及电解质和铝水平测定等均在电解密闭状态下实现自动控制操作；高电解槽槽壳强度；采用电解多功能天车，缩短换极时间，减少槽罩开启率及开启时间等措施）；推动企业加强污染治理技术研发，在达标排放的基础上，进一步削减污染物排放，近年来新建的水电铝项目，均要求设置电解烟气脱硫设施，对低浓度二氧化硫进行治理，二氧化硫、氟化物排放浓度远低于《铝工业污染物排放标准》（GB 25465—2010）排放限值要求。

8.3.1.1 二氧化硫控制及排放水平

电解铝烟气中的 SO_2 主要来源于炭素阳极，在未实行特别排放限值的地区，不进行烟气脱硫也可实现污染物达标排放（200mg/m³）。同时，受低浓度 SO_2 烟气治理技术尚未成熟的限制，2018 年以前，全国范围内大部分电解铝企业均未开展烟气脱硫工作。

但由于电解烟气量很大（根据《排污许可证申请与核发技术规范 有色金属工业——铝冶炼》，不同电流强度的电解槽吨铝基准烟气量为 98000 ~ 11000m³），致使铝电解过程 SO_2 排放总量大。2018 年以前，云南省电解铝项目 SO_2 控制主要采取源头控制措施，通过控制阳极含硫率在 1.8% 以下从源头减少 SO_2 产生，末端未设置脱硫措施。

2018 年，云南省某电解铝项目在环评阶段首次提出安装电解烟气脱硫装置，采用半干法脱硫工艺，进一步降低了吨铝 SO_2 排放水平。

截至 2021 年，云南省 SO_2 控制的最优水平为：炭素阳极含硫率控制在 1.8%，末端设置脱硫工序，保障脱硫效率不低于 85%。

虽然"十四五"期间的总量控制指标为挥发性有机物、氮氧化物，但 SO_2 为《环境空气质量标准》中的环境空气污染物基本项目，也是二次细颗粒物前体物之一，其作为电解铝项目的主要大气污染物，电解铝项目仍须进一步提升 SO_2 治理水平。未开展脱硫工作的企业应推进烟气脱硫设施的建设，已建设脱硫设置的企业应通过进一步提高烟气脱硫效率等措施减少 SO_2 的排放。

据了解，云南省目前未配套建设脱硫设施的项目，云南铝业股份有限公司正在统一筹划实施烟气脱硫改造工作。

8.3.1.2 氟化物控制及排放水平

云南省所有电解铝项目均按照设计规范及环保要求建设了电解烟气的氧化铝干法吸附净化设施，脱氟效率可达 99.4%。因消石灰半干法、石灰石-石膏法等脱硫工艺对氟化物均有进一步的去除效果，2018 年以来新建设的电解铝项目，其烟气中的氟化物也得到了进一步控制。

对于热残极冷却过程无组织排放治理，目前云南省约 60% 的电解铝项目配置了残极冷却箱（2018 年以后建设的项目残极冷却箱配置率为 100%），废气并入电解烟气净化系统，实现残极冷却烟气有效处理。

8.3.2 固废产生及处置情况

8.3.2.1 危险废物

电解铝生产过程中主要危险废物有大修渣、炭渣、铝灰，因早期废渣的综合利用技术不成熟，为保障项目建成运营后危险废物可得到妥善处置，云南省大部分电解铝企业均配套建设了危险废物填埋场，处置途径以安全填埋为主。值得提出的是，因大修渣含氟高，在现行危险废物填埋标准发布前，即未提出刚性填埋场的建设要求前，云南省大部分大修渣填埋场已采取了柔性+刚性的结构。

随着近年来电解铝行业危险废物处置利用技术的发展，云南省建设了一批相应类别危险废物利用企业，上述危险废物可外送综合利用，但还存在很大的处置缺口。根据云南省生态环境厅发布的云南省危险废物经营许可证持证情况汇总表（截至2022年6月），云南省电解铝行业危险废物处置及综合利用企业见表8-2。

表8-2　云南省电解铝行业危险废物综合利用企业（截至2022年6月）

序号	持证单位	核准经营危险废物类别	核准经营规模/t·a⁻¹
1	云南蓝天铝业环保科技有限公司	321-023-48电解铝生产过程电解槽阴极内衬维修、更换产生的废渣（大修渣）； 321-024-48电解铝铝液转移、精炼、合金化、铸造过程熔体表面产生的铝灰渣，以及回收铝过程产生的盐渣和二次铝灰； 321-025-48电解铝生产过程产生的炭渣； 321-026-48再生铝和铝材加工过程中，废铝及铝锭重熔、精炼、合金化、铸造熔体表面产生的铝灰渣，及其回收铝过程产生的盐渣和二次铝灰	30000
2	云南德福环保有限公司	321-023-48电解铝生产过程电解槽阴极内衬维修、更换产生的废渣（大修渣）； 321-025-48电解铝生产过程产生的炭渣	27562
3	云南云铝润鑫铝业有限公司	321-023-48电解铝生产过程电解槽阴极内衬维修、更换产生的废渣（大修渣）	4000
4	昆明市东川银光铝材有限公司	321-024-48电解铝铝液转移、精炼、合金化、铸造过程熔体表面产生的铝灰渣，以及回收铝过程产生的盐渣和二次铝灰； 321-026-48再生铝和铝材加工过程中，废铝及铝锭重熔、精炼、合金化、铸造熔体表面产生的铝灰渣，及其回收铝过程产生的盐渣和二次铝灰； 21-034-48铝灰热回收铝过程烟气处理集（除）尘装置收集的粉尘，铝冶炼和再生过程烟气（包括：再生铝熔炼烟气、铝液熔体净化、除杂、合金化、铸造烟气）处理集（除）尘装置收集的粉尘	10000

序号	持证单位	核准经营危险废物类别	核准经营规模/t·a⁻¹
5	云南文山铝业有限公司	321-024-48 电解铝铝液转移、精炼、合金化、铸造过程熔体表面产生的铝灰渣，以及回收铝过程产生的盐渣和二次铝灰； 321-026-48 再生铝和铝材加工过程中，废铝及铝锭重熔、精炼、合金化、铸造熔体表面产生的铝灰渣，及其回收铝过程产生的盐渣和二次铝灰； 321-034-48 铝灰热回收铝过程烟气处理集（除）尘装置收集的粉尘，铝冶炼和再生过程烟气（包括：再生铝熔炼烟气、铝液熔体净化、除杂、合金化、铸造烟气）处理集（除）尘装置收集的粉尘	29000
6	云南凯凌环保工程有限公司	321-024-48 电解铝铝液转移、精炼、合金化、铸造过程熔体表面产生的铝灰渣，以及回收铝过程产生的盐渣和二次铝灰； 321-026-48 再生铝和铝材加工过程中，废铝及铝锭重熔、精炼、合金化、铸造熔体表面产生的铝灰渣，及其回收铝过程产生的盐渣和二次铝灰； 321-034-48 铝灰热回收铝过程烟气处理集（除）尘装置收集的粉尘，铝冶炼和再生过程烟气（包括：再生铝熔炼烟气、铝液熔体净化、除杂、合金化、铸造烟气）处理集（除）尘装置收集的粉尘	30000

8.3.2.2 一般固废

电解铝生产过程中产生的残极一般由炭素厂家回收。

电解铝产生的一般工业固废如脱硫石膏、磷铁渣等，经暂存库暂存后，外委企业综合资源回收利用。

8.4 环境防护距离管控

目前，云南省工业项目环境防护距离的确定方案是取根据大气导则计算的大气环境防护距离、行业准入条件或规范条件要求控制的距离、行业卫生防护距离标准及根据《制定地方大气污染物排放标准的技术方法》（GB/T 3840—1991）、《大气有害物质无组织排放卫生防护距离推导技术导则》（GB/T 39499—2020）的卫生防护距离中的最严值。

《铝行业规范条件（2013年）》提出应根据环境影响评价结论确定厂址位置及其与周围人群和敏感区域的距离，2020版规范条件未对防护距离做出要求。

　　根据对已审批的各类工业项目环评的统计，因大气环境防护距离结算结果较卫生防护距离普遍偏小，工业项目环境防护距离往往由卫生防护距离决定。

　　2018年以前，铝厂大气环境影响评价工作，按照《环境影响评价技术导则　大气环境》（HJ 2.2—2008）开展，因电解车间为长条状布设，车间长度均在1km以上，且大气中的氟化物不能做到100%收集处理，在预测过程中，无组织氟化物往往会造成厂界外出现一定面积的氟化物预测结果超过环境空气指标标准的情况，该区域包含在卫生防护距离划定范围内，除不得有人群长期居住外，还须采取土地流转措施进一步控制氟化物的影响。

　　《环境影响评价技术导则　大气环境》（HJ 2.2—2018）实施后，针对铝厂的特点，预测模型中增加了浮力线源选项，更符合电解车间狭长的布局特征。选择浮力线源后，铝厂外很少出现氟化物超标的情况。

　　根据生产工艺技术水平、管理水平、铝厂平面布局及区域气象条件等因素，云南省水电铝项目环境防护距离控制情况一般为电解车间外700~1000m。

8.5　物　料　运　输

　　当前，云南省电解铝企业厂外大宗物料运输主要以铁路运输为主，公路运输为辅，且相关地区正在建设或规划建设铁路运输路线，以进一步实现《关于加强高耗能、高排放建设项目生态环境源头防控的指导意见》中"大宗物料优先采用铁路、管道或水路运输，短途接驳优先使用新能源车辆运输"的要求。

8.6　环　境　监　管

　　云南省督促企业开展自行监测，要求水电铝企业按照环境影响评价文件中的环境监测计划及相关标准和技术规范要求，制定项目污染物排放和周边环境质量自行监测方案，报属地生态环境部门备案，开展企业自行监测，并将自行监测工作开展情况及监测结果向社会公开，按照有关规定安装污染物在线监控系统，并与生态环境主管部门联网。要求项目所在地生态环境主管部门对企业自行监测情况进行监督检查，组织开展监督性监测；同时，加强环境执法，开展现场监察和日常监督管理，督促企业严格落实环保"三同时"制度，切实维护环境安全。

8.7　环境影响跟踪评价

8.7.1　跟踪评价内容

　　随着云南省水电铝产业的不断发展壮大，为了解电解铝项目的实际环境影响，云南省生态环境工程评估中心承担了电解铝企业大气环境跟踪影响研究项目，综合云南省内各水电铝项目运行、验收及周边环境复杂程度等情况选择了典型电解铝企业开展了大气环境影响的跟踪评价。通过在该项目环境防护距离内、环评预测的最大落地浓度点及距离较近的环境敏感点兼顾风向布设环境空气及土壤跟踪监测点，开展一个日历年的跟踪监测。

监测因子及频次：每月对环境空气中的氟化物、SO_2 监测 1 次，每次 3 天；每月对氟化物挂片浓度进行监测，挂片时间 25 天；每 3 个月对土壤氟化物进行 1 次监测。

8.7.2　跟踪评价结果

8.7.2.1　环境质量公报数据

根据查阅项目所在地的环境质量公报，项目生产运营期间，所在县的环境空气未出现下降（该县环境空气自动站距离厂区约 29km），见表 8-3。

表 8-3　项目所在地环境质量公报数据一览表

年　度	达 到 标 准	优良比例/%
2019 年	GB 3095—2012 二级标准	100
2020 年	GB 3095—2012 二级标准	100
2021 年	GB 3095—2012 二级标准	100

8.7.2.2　跟踪监测结果

跟踪监测显示，电解铝厂周边氟化物、SO_2 均可满足《环境空气质量标准》（GB 3095—2012），未出现 2008 版导则预测过程可能出现的氟化物超标区域。

土壤环境质量风险管控标准中无氟化物指标，进行趋势分析后，发现土壤中氟化物总体呈上升趋势，存在一定的累积效应，后续应关注氟化物在土壤、地下水中的迁移转化。

9 云南省绿色铝产业发展及环境保护建议

9.1 现阶段发展应关注的主要问题及其建议

9.1.1 大气环境影响

作为"两高"项目,电解铝项目备受关注的原因之一就是铝厂运营过程中对区域环境空气的影响。电解烟气中的污染物主要为二氧化硫、氟化物和颗粒物,虽然排放浓度都不算高,但因烟气量大,对区域环境空气质量的污染影响需持续进行关注。

9.1.1.1 二氧化硫的影响

低浓度二氧化硫的治理技术现已成功应用于电解铝企业,电解烟气中的二氧化硫能够稳定达到环评阶段设定的排放浓度及总量,云南省吨铝二氧化硫的排放水平已由最初的 14kg 降低至 2.2kg 左右,且通过实际运行发现二氧化硫可达到更低的排放强度。

二氧化硫作为《环境空气质量标准》中的环境空气污染物基本项目,同时也是二次细颗粒物前体物之一,前期尚未建设脱硫设施的项目需加快配套高效的脱硫设施,并做好二次污染的控制工作,妥善处理处置脱硫渣、脱硫废水等;已同步建设烟气脱硫设施的项目,应从提高脱硫效率、降低炭阳极净耗等方面进一步降低烟气二氧化硫的排放强度。从目前的情况看,电解烟气中二氧化硫的影响可得到更好且稳定的控制。

9.1.1.2 细颗粒物的影响

从全国范围看,当前影响环境空气质量的首要污染物有可吸入颗粒物、细颗粒、臭氧。根据《云南省"十四五"生态环境保护规划》,由于以重化工为主的产业结构,以公路运输为主的交通运输结构没有根本改变,产业结构重型化特征短时间内难以改变,公路货运比例超过70%,对大气环境质量造成持续压力,云南省大气环境质量巩固改善压力大。电解铝生产涉及大宗物料,颗粒物作为电解铝厂的主要污染物之一,随着在建电解铝厂的投产运营,其排放的可吸入颗粒物、细颗粒物对环境的影响需关注,确保各地实现"十四五"的约束性指标。云南省及目前已公开发布"十四五"生态环境保护规划的相关区域约束性指标见表9-1。

表 9-1　云南省、相关地级及以上城市"十四五"生态环境保护规划约束性目标指标表

序号	细颗粒物指标/μg·m⁻³	2020 年	2025 年	指　标　来　源
1	地级及以上城市细颗粒物平均浓度	20.7	20.5	《云南省"十四五"生态环境保护规划》
2	昭通中心城市细颗粒物浓度	20	20	《昭阳区生态环境保护"十四五"规划》
3	文山市细颗粒物浓度	23	23	《文山州"十四五"生态环境保护规划》
4	大理市细颗粒物平均浓度	16	15	《大理州"十四五"生态环境保护规划》

9.1.1.3　氟化物沉降的累积影响

在 2018 版大气导则发布之前，采用 2008 版导则预测，会出现电解铝厂及周边环境空气出现大面积的氟化物超标情况，该超标区域不得有人群居住，且需进行土地流转作为绿化等区域管控。在 2018 版导则实施后，软件预测模块中新增了更适用于电解车间的浮力线源模式，更符合电解车间狭长的布局特点，其预测结果中氟化物均未出现超标情况。根据氟化物的跟踪监测结果，厂界外也并未出现氟化物超标的情况。

但在跟踪监测中发现，铝厂周边土壤中氟化物存在明显的上升趋势，下一步应关注其在土壤中的累积效应，研究氟化物在土壤和地下水中的迁移转化规律，防止氟化物迁移至地下水造成污染影响。

9.1.2　固体废物综合利用及处置水平

9.1.2.1　危险废物综合利用能力及资源化

前期受综合利用技术的制约，云南省大部分电解铝项目均配套建设了危险废物填埋场，对大修渣、二次铝灰、炭渣等危险废物进行安全填埋。近年来，上述危险废物的综合利用技术不断发展成熟，云南省也建设了一批相关综合利用企业，但与各危险废物的产生量相比，其利用处置规模远不能满足需求，利用处置能力短板突出。

下一步应遵照减量化、资源化和无害化的污染防治原则，通过技术进步等手段从源头减少大修渣、二次铝灰、炭渣的产生量，并加快上述危险废物综合利用技术的研究及运用，最大限度地实现其资源化，逐步减少安全填埋量。

9.1.2.2　危险填埋场对区域地下水的影响

目前，云南省绝大部分电解铝项目均配套了用于安全填埋大修渣等危废的危险废物填埋场，各填埋场虽已按危废填埋标准进行建设，但仍需持续关注填埋场对区域地下水的影响。首先，因大修渣中氟化物含量极高，需认真做好危废入场的管理工作，以满足危废填埋标准的相关要求。其次，应认真落实填埋场的检漏、跟踪监测等要求，密切关注区域地下水的变化情况，发现异常情况及时处理，防止对区域地下水造成污染影响。

9.1.2.3 脱硫渣利用处置的可行性

随着近年来烟气脱硫技术的日趋成熟及应用，电解铝厂运营过程中将产生一定量的脱硫渣，目前看脱硫渣为Ⅱ类固废，大部分通过外售水泥厂等企业的方式进行综合利用。因烟气中含氟，且脱硫技术尚在应用初期，下一步应关注脱硫渣外售综合利用的可信性及可靠性，防止处置不当造成次生的环境影响。

9.1.3 碳减排的研究及实施工作

云南省以丰富的水电等绿电为载体发展电解铝产业，较煤电铝模式，温室气体减排效益明显。但随着炭阳极的消耗、阳极效应的发生等情况，电解过程本身也是温室气体的排放大户。根据《中国电解铝生产企业温室气体排放核算方法与报告指南（试行）》初步估算，在不考虑阳极效应的情况下，云南省吨铝 CO_2 的排放水平约为 1.5t。在双碳背景下，应从惰性阳极、阳极效应控制、阳极消耗控制等方面研究加强减排工作。

9.1.4 物料清洁运输水平

当前，云南省电解铝企业厂外大宗物料运输主要以铁路运输为主，公路运输为辅，仍存在提升改进的空间。下一步应结合铝产业的延伸发展及路网建设规划，进一步提升原辅料清洁运输水平。进出铝厂的氧化铝、炭素等大宗物料和产品应优先采用铁路、管道等清洁运输方式；达不到的，汽车运输部分应全部采用新能源汽车或达到国六排放标准的汽车；鼓励修建铁路专用线。

9.1.5 与高端制造业的融合

据初步了解，目前云南省各电解铝项目直接在厂内生产铝合金或以铝液形式供给下游企业的仅占40%左右，其中云铝公司深加工率最高，在2017年已超过50%[27]，其余均铸成重熔铝锭外售，目前来看与高端制造业的融合不足，且先铸锭再重熔存在能源的重复消耗及污染物的重复排放。

9.2 发展中应关注或优化的内容

云南要实现打造世界一流"中国铝谷"的战略目标，应深入贯彻习近平生态文明思想，坚持以人民为中心的发展思想，立足新发展阶段，贯彻新发展理念，构建新发展格局，以改善生态环境质量为核心，统筹污染治理、生态保护、应对气候变化，精准治污、科学治污、依法治污，从优布局、调结构、控规模、严排放、守底线、防风险等方面进一步加大生态环境保护和污染物防治力度。

9.2.1 优布局

项目规划选址过程中要尊重区域生态环境属性需要，否则会在后续的开发建设中带来严重的生态环境问题，而这些问题往往难以解决。同时，绿色铝项目建设投资大，若规划不好，由于环境容量或者周边居民的影响等导致项目难以投产，必然导致巨大的资源浪费。因此，项目应合理选址，厂址选择应符合相关法律、法规和相关规划，避让环境敏感区，避免出现由于规划选址不当导致的环境问题。

按《长江经济带发展负面清单指南（试行，2022年版）》中"禁止在合规园区外新建、扩建钢铁、石化、化工、焦化、建材、有色、制浆造纸等高污染项目"、《关于加强高耗能、高排放建设项目生态环境源头防控的指导意见》中"新建、扩建石化、化工、焦化、有色金属冶炼、平板玻璃项目应布设在依法合规设立并经规划环评的产业园区"、《工业炉窑大气污染综合治理方案》中"新建涉工业炉窑的建设项目，原则上要入园区"、《关于切实加强风险防范严格环境影响评价管理的通知》中"化工石化、有色冶炼、制浆造纸等可能引发环境风险的项目，在符合国家产业政策和清洁生产水平要求、满足污染物排放标准及污染物排放总量控制指标的前提下，必须在依法设立、环境保护基础设施齐全并经规划环评的产业园区内布设"、《云南省长江经济带发展负面清单指南实施细则（试行，2022年版）》中"禁止在合规园区外新建、扩建钢铁、化工、焦化、建材、有色、制浆造纸行业中的高污染项目"等文件的要求，电解铝、再生铝、铝合金制造、阳极炭素生产等项目布局的红线条件为必须进入依法合规设立并经规划环评的产业园区。

此外，按照《云南省绿色铝产业发展三年行动（2022—2024年）》优化产业布局，综合考虑相关州、市产业基础和比较优势，依托铝水直供短流程模式，推动铝加工向重点园区集中，加快形成以文山、红河为重点，大理、昭通、曲靖、昆明协同发展的"2+4"绿色铝产业发展空间布局；其他州（市）不再发展绿色铝产业。

9.2.2 调结构

产业体系方面，与电解铝产业相比，电解铝下游产业污染物排放量及能耗均较低，其发展过程的生态环境影响范围及程度较电解铝小且轻。根据《中共云南省委关于制定云南省国民经济和社会发展第十四个五年规划和二〇三五年远景目标的建议》，要丰富延伸八大重点产业内涵外延，打造先进制造等万亿级产业和绿色能源等千亿级产业。推动绿色制造强省建设，建设世界一流"中国铝谷"，培育壮大高端钛合金、铝合金、稀贵金属等一批战略性新材料。下一步应以建设世界一流的"中国铝谷"为目标，持续推进绿色能源战略与绿色先进制造业深度融合，进一步延伸铝产业链。坚持主体集中、区域集聚，聚焦建筑结构、交通轻量化、包装容器、电力电子、耐用消费品等领域，确定产品定位，大力引进铝合金材料设计、加工、制造、应用等领域优势企业，推动绿色铝向精深加工和终端制造延伸，加快形成一批优势产品。

此外，因电解铝生产涉及较大规模的物料运输，下一步应进一步优化运输结构。进出铝厂的氧化铝、炭素、石油焦等大宗物料和产品应优先采用铁路、管道等清洁运输方式；达不到的，汽车运输部分应全部采用新能源汽车或达到国六排放标准的汽车；鼓励修建铁路专用线。

9.2.3 控规模

根据《国务院关于印发 2030 年前碳达峰行动方案的通知》要求，巩固化解电解铝过剩产能成果，严格执行产能置换，严控新增产能。

按《云南省绿色铝产业发展三年行动（2022—2024 年)》要求，云南省严控电解铝产能规模。

按《关于加强高耗能、高排放建设项目生态环境源头防控的指导意见》要求，承接电解铝等产业转移地区应严格落实生态环境分区管控要求，将环境质量底线作为硬约束。布局过程中，应充分考虑项目所在区域环境容量及周边敏感区分布情况，根据区域环境承载能力及相关管控要求合理确定承接产能。

9.2.4 严排放

围绕碳达峰、碳中和目标，以绿色能源、区位优势、产业基础为依托，以建设世界一流"中国铝谷"为目的，以轻量化、智能化、高端化为方向，以打造绿色低碳、集聚集约、链条高端、创新引领、竞争力强的绿色铝产业集群为重点，下一步可从以下几个方面严格绿色铝产业污染物排放水平。

经过多年发展，云南省绿色铝产业发展已初具雏形，产能规模位居全国前列，清洁生产水平、污染治理水平总体处于全国领先水平，具备采用更加严格的排放标准的条件，目前主要污染物排放均远远低于《铝工业污染物排放标准》，建议云南省制定严于国家标准的地方排放标准，促进企业大幅度削减污染物排放量，真正将云南打造为世界一流的"中国铝谷"。

现有电解铝企业分批实施改造升级，并尽快推动烟气脱硫设施建设。新建、扩建项目应采用先进适用的工艺技术和装备，单位产品物耗、能耗、水耗等达到清洁生产先进水平，依法制定并严格落实防治土壤与地下水污染的措施，且污染防治和生态环境保护要求不应低于云南省原有同类项目。

此外，建议从阳极消耗控制、阳极效应控制、惰性阳极等方面着手研究推动电解铝碳减排工作。

9.2.5 守底线

按《关于加强高耗能、高排放建设项目生态环境源头防控的指导意见》要求，承接电解铝等产业转移地区应严格落实生态环境分区管控要求，将环境质量底线作为硬约束。项目选址、建设及运营过程中要严守生态保护红线、环境质量底线和资源利用上线，严格执行环境保护法律法规和相关政策要求，凡不符合法律法规、电解铝产业政策及相关环境管理要求的水电铝项目，一律不予审批其环境影响评价文件。项目建设不得触碰生态保护红线，不得超过区域环境承载能力。

9.2.6 防风险

绿色铝产业发展过程中环境保护压力大、社会关注度高，过程中应通过优化选址布局、严把环境准入关、强化源头控制、加严污染治理措施及区域减排等措施，最大限度降低绿色铝产业发展可能带来的生态环境风险及社会风险。

参 考 文 献

[1] 姚虎卿，等．化工辞典 [M].5 版．北京：化学工业出版社，2019.

[2] 中国有色金属工业协会专家委员会．有色金属系列丛书：中国铝业 [M].北京：冶金工业出版社，2013.

[3] 厉衡隆，顾青松，李金鹏，等．铝冶炼生产技术手册 [M].北京：冶金工业出版社，2011.

[4] 王晓民，南辉．镁铝铟冶金及其复合材料轻量化 [M].北京：冶金工业出版社，2018.

[5] 汤思达德．铝电解理论与新技术 [M].3 版．邱竹贤，译．北京：冶金工业出版社，2010.

[6] 冯乃祥．现代铝电解——理论与技术 [M].北京：化学工业出版社，2020.

[7] 杨刚．铝电解生产降低氟化铝消耗的实践探索 [J].有色矿冶，2014，30（2）：29-31.

[8] 俞娟，王斌，方钊．有色金属冶金新工艺与新技术 [M].北京：冶金工业出版社，2019.

[9] 邱竹贤．炼铝用新型电极材料 [J].沈阳工业学院学报，2000，19（4）：1-6.

[10] 杨万章．硼化钛惰性阴极于铝电解槽上的工业化应用 [J].云南冶金，2005，44（6）：65-67.

[11] 贵阳铝镁设计研究院有限公司，等．GB 50850—2013 铝电解厂工艺设计规范 [S/OL].北京：计划出版社，2013. https：//www. mohurd. gov. cn/gongkai/fdzdgknr/tzgg/201301/20130105_ 224717. html.

[12] 周科朝，何勇，李志友，等．铝电解惰性阳极材料技术研究进展 [J].中国有色金属学报，2021，31（11）：3010-3023.

[13] 张竞赛，侯琴．铝电解惰性阳极专利技术分析 [J].江西化工，2020，2：156-158.

[14] 黄英科，肖辉照，彭德泉．铝电解质熔液中碳渣的形成和分布及其分离措施 [J].轻金属，1994，10：23-28.

[15] 康泽双，李帅，练以诚，等．采用低温循环焙烧工艺从碳渣中回收电解质试验 [J].中国有色冶金，2022，51（2）：19-23.

[16] 刘宏博，郝雅琼，吴昊，等．铝冶炼行业危险废物产生和利用处置现状与管理对策建议 [J].环境工程技术学报，2021，11（6）：1273-1280.

[17] 赵亮，宋兴宽，路齐英，等．电解铝大修渣中总氟含量分析 [J].环境与可持续发展，2017，42（4）：114-115.

[18] ZHAO H L，LIU F Q，XIE M Z，et al. Recycling and utilization of spent potlining by different high temperature treatments [J].Journal of Cleaner Production，2021，289，125704.

[19] 王海斌，朱江凯，李勇，等．电解铝大修渣的无害化处理研究进展 [J].化工科技，2020，28（6）：69-74.

[20] 张乐．电解铝大修渣处理研究进展 [J].世界有色金属，2021，4：154-155.

[21] 欧玉静，彭莉，李春雷，等．利用铝灰和微硅粉制备4A分子筛的研究 [J].材料科学与工艺，2022：1-7.

[22] 王红香．铝电解工业危险废物资源化处理工艺 [J].山西化工，2021，41（6）：276-278.

[23] 杨超, 冯乃祥. 工业二次铝灰资源化回收利用现状 [J]. 现代化工, 2022, 42 (6): 73-77.

[24] 王日昕, 谌昀, 伍永福, 等. 铝电解碳渣焙烧工艺的研究 [J]. 轻金属, 2021, 10: 32-37, 58.

[25] 廖贤安, 包生重, 孙毅. 无碳铝电解技术评述 [J]. 轻金属, 2019, 3: 1-4.

[26] 王仁敏, 杨逢乐, 梅向阳, 等. 云南省水电铝产业环境现状分析及发展建议 [J]. 轻金属, 2021, 9: 6-9.

[27] 王祝堂. 建设西南边陲绿色水电铝工业带的设想 [J]. 轻金属, 2020, 7: 1-11.

附录 名词表

1. 预焙阳极铝电解槽（prebaked anode cell）

阳极来源于预焙阳极厂经过成型、焙烧生产的合格成型炭块，经组装后上槽使用。其主要优势在于沥青烟和氟化物分别处理，电解槽便于实施机械化、自动化作业和集中有效治理电解烟尘。

2. 载氟氧化铝（fluorinated alumina）

采用新鲜氧化铝作为治理电解烟气中氟化物的吸附剂，经过干法净化系统循环吸收烟气中的氟化氢、固体氟化物颗粒后，形成的含氟氧化铝料。

3. 阳极电流密度（anode current density）

铝电解槽的电流强度除以槽上又有阳极炭块面积之和的一个特征指标比，单位为每平方厘米安培。

4. 半石墨阴极炭块（partially graphitiferous cathode）

阴极炭块的干料配方中添加的人造石墨所占比例低于30%。

5. 焙烧、启动（baking，starting up）

电解槽在投产初期，必须经历的内衬余热，以及灌入电解质高温液体启动使之进入逐步产铝状态的两个生产过程。

6. 阳极组装（anode rodding）

通过一定工艺方法和设备流程，将新的预焙阳极炭块与阳极钢爪和导杆等组装成可在铝电解槽上使用的阳极炭块组的工艺过程。

7. 残极（butt）

预焙阳极炭块在铝电解槽上使用一个周期后更换下来的残阳极炭块。

8. 铝合金（aluminium alloy）

以铝为基体的合金产品总称。

9. 中间合金（master alloy）

为了便于向铝基合金中加入一种或多种合金元素二特别配置的中间合金产品。

10. 铝渣（aluminium slag）

铝融化过程中产生的金属铝与其他铝氧化物的混合物。

11. 就地槽大修（pot relining on-line）

在电解车间原地进行电解槽的停槽、刨炉、维修及内衬筑炉的作业过程和方法。

12. 异地槽大修（pot relining out-of-line）

将停槽的电解槽的槽壳及内衬整体吊运至专用大修车间进行刨炉、维修及内衬筑炉的作业过程或方法。

13. 电流效率（current efficiency）

单位时间内电解出的实际铝质量与由法拉第电解定律计算的理论质量百分比。

14. 阳极效应系数（anode effect frequency，AEF）

指每台电解槽每天发生的阳极效应次数，用"次/台·天"表示。

15. 浓相输送（dense phase conveying）

指一种气力输送中的静压输送技术，是直接利用压缩空气的静压能来推动物料，使物料呈非悬浮态栓状流动，输送物料时风速低解决了能量传递和颗粒物间的摩擦损失。

16. 超浓相输送（dense phase conveying）

指一种气力输送中的流态化输送技术，是低压风通过分配板使槽内物料流态化，使其具有流体的性质，同时沿输送方向建立起料柱差，料柱差所产生的推动力足以克服流体流动的摩擦力时，流态化的物料向前流动。

17. 清洁生产（cleaner production）

清洁生产是指不断采取改进设计、使用清洁的能源和原料、采用先进的工艺技术与设备、改善管理、综合利用等措施，从源头削减污染，提高资源利用效率，减少或者避免生产、服务和产品使用过程中污染物的产生和排放，以减轻或者消除对人类健康和环境的危害。

18. 危险废物（hazardous waste）

列入国家危险废物名录或者根据国家规定的危险废物鉴别标准和鉴别方法认定的具有危险特性的固体废物。

19. 危险废物填埋场（hazardous waste landfill）

处置危险废物的一种陆地处置设施，它由若干个处置单元和构筑物组成，主要包括接收与贮存设施、分析与鉴别系统、预处理设施、填埋处置设施（其中包括：防渗系统、渗滤液收集和导排系统）、封场覆盖系统、渗滤液和废水处理系统、环境监测系统、应急设施及其他公用工程和配套设施。

20. 相容性（compatibility）

某种危险废物同其他危险废物或填埋场中其他物质接触时不产生气体、热量、有害物质，不会燃烧或爆炸，不发生其他可能对填埋场产生不利影响的反应和变化。

21. 柔性填埋场（flexible landfill）

采用双人工复合衬层作为防渗层的填埋处置设施。

22. 刚性填埋场（concrete landfill）

采用钢筋混凝土作为防渗阻隔结构的填埋处置设施。

23. 天然基础层（nature foundation layer）

位于防渗衬层下部，由未经扰动的土壤构成的基础层。

24. 防渗衬层（landfill liner）

设置于危险废物填埋场底部及边坡的由黏土衬层和人工合成材料衬层组成的防止渗滤液进入地下水的阻隔层。

25. 双人工复合衬层（double artificial composite liner）

由两层人工合成材料衬层与黏土衬层组成的防渗衬层。

26. 渗漏检测层（leak detection layer）

位于双人工复合衬层之间，收集、排出并检测液体通过主防渗层的渗漏液体。

27. 可接受渗漏速率（acceptable leakage rate）

渗漏检测层中检测出的可接受的最大渗漏速率。

28. 水溶性盐（water-soluble salt）

固体废物中氯化物、硫酸盐、碳酸盐及其他可溶性物质。

29. 防渗层完整性检测（liner leakage detection）

采用电法及其他方法对人工合成材料衬层（如高密度聚乙烯膜）是否发生破损及其破损位置进行检测。防渗层完整性检测包括填埋场施工验收检测及运行期和封场后的检测。

30. 填埋场稳定性（landfill stability）

填埋场建设、运行、封场期间地基、填埋堆体及封场覆盖系统的有关不均匀沉降、滑坡、塌陷等现象的力学性能。

31. 公共污水处理系统（public wastewater treatment system）

通过纳污管道等方式收集废水，为两家及以上排污单位提供废水处理服务并且排水能够达到相关排放标准要求的企业或机构，包括各种规模和类型的城镇污水处理厂、区域（包括各类工业园区、开发区、工业聚集地等）废水处理厂等，其废水处理程度应达到二级或二级以上。

32. 直接排放（direct discharge）

排污单位直接向环境排放污染物的行为。

33. 间接排放（indirect discharge）

排污单位向公共污水处理系统排放污染物的行为。

34. 填埋场设计寿命期（designed expect lifetime）

进行填埋场设计时，在充分考虑填埋场施工、运行维护等情况下确定的丧失填埋场具有的阻隔废物与环境介质联系功能的预期时间。实现阻隔功能需要通过填埋场的合理选址、规范建设及安全运行等有效措施完成。

35. I 类一般工业固体废物（class I non-hazardous industrial solid waste）

按照《固体废物浸出毒性浸出方法 水平振荡法》（HJ 557—2010）规定方法获得的浸出液中任何一种特征污染物浓度均未超过《污水综合排放标准》（GB 8978—1996）最高允许排放浓度（第二类污染物最高允许排放浓度按照一级标准执行），且 pH 值在 6~9 范围之内的一般工业固体废物。

36. II 类一般工业固体废物（class II non-hazardous industrial solid waste）

按照《固体废物浸出毒性浸出方法 水平振荡法》（HJ 557—2010）规定方法获得的浸出液中有一种或一种以上的特征污染物浓度超过《污水综合排放标准》（GB 8978—1996）最高允许排放浓度（第二类污染物最高允许排放浓度按照一级标准执行），或 pH 值在 6~9 范围之外的一般工业固体废物。